Esta coleção busca contemplar em suas oito obras a complexidade que o tema da metodologia do ensino de Arte tem em seu bojo. São textos que dialogam com estudos atuais e que enfocam com acuidade as linguagens artísticas, destacando por vezes um enfoque específico: histórico, educacional, filosófico, comunicacional, de avaliação e aprendizagem. Voltados a estudantes e profissionais, os livros desta coletânea procuram preencher um espaço deficitário na literatura da área de arte. Contam ainda com um destaque editorial por conter imagens, ilustrações e fotos que complementam os conceitos trabalhados nas obras.

Arte na Educação Escolar

Linguagem da Dança

Filosofia da Arte

A História da Arte por meio da Leitura de Imagens

Linguagem das Artes Visuais

Linguagem da Música

Linguagem do Teatro

Avaliação da Aprendizagem em Arte

Comunicação e Semiótica

Luciana Estevam Barone Bueno

inter
saberes

Rua Clara Vendramin, 58 . Mossunguê . CEP 81200-170 . Curitiba-PR . Brasil
Fone: (41) 2106-4170 . www.intersaberes.com . editora@intersaberes.com

Conselho editorial
Dr. Alexandre Coutinho Pagliarini
Dr³. Elena Godoy
Dr. Neri dos Santos
Dr. Ulf Gregor Baranow

Editora chefe
Lindsay Azambuja

Gerente editorial
Ariadne Nunes Wenger

Assistente editorial
Daniela Viroli Pereira Pinto

Análise de informação
Mariana Weinhardt Pazzinatto

Revisão de texto
Sandra Regina Klippel

Capa
Denis Kaio Tanaami

Projeto gráfico
Bruno Palma e Silva

Diagramação
Katiane Cabral

Iconografia
Danielle Scholtz

Dados Internacionais de Catalogação na Publicação (CIP)
(Câmara Brasileira do Livro, SP, Brasil)

Bueno, Luciana Estevam Barone
    Linguagem das artes visuais/Luciana Estevam Barone Bueno. Curitiba: InterSaberes, 2012. (Coleção Metodologia do Ensino de Artes)

    Bibliografia.
    ISBN 978-85-8212-601-1

    1. Arte – Filosofia 2. Arte – História 3. Percepção visual I. Título II. Série.

12-10273   CDD-701

Índices para catálogo sistemático:
1. Artes visuais: Filosofia 701

1ª edição, 2012.

Foi feito o depósito legal.

Informamos que é de inteira responsabilidade das autoras a emissão de conceitos.

Nenhuma parte desta publicação poderá ser reproduzida por qualquer meio ou forma sem a prévia autorização da Editora InterSaberes.

A violação dos direitos autorais é crime estabelecido na Lei n. 9.610/1998 e punido pelo art. 184 do Código Penal.

Linguagem das
Artes Visuais

Sumário

Introdução, 9

A função da arte, 14

    1.1   Um olhar com outros olhos, 16

    1.2   O ponto, 22

Síntese, 28

Indicação cultural, 29

Os elementos básicos da linguagem visual, 32

    2.1   A linha, 34

    2.2   A superfície, 39

    2.3   O volume, 43

    2.4   A luz, 52

    2.5   A cor, 57

Síntese, 63

Indicação cultural, 64

As manifestações das artes visuais, 66

3.1 Desenho, 68

3.2 Pintura, 73

3.3 Gravura, 76

3.4 Escultura, 80

3.5 Arquitetura, 84

3.6 Fotografia: uma breve história, 88

3.7 O cinema: a sétima arte, 92

3.8 A televisão, 95

Síntese, 98

Indicações culturais, 99

A leitura das imagens, 102

4.1 A leitura das obras de arte, 104

Síntese, 120

Indicação cultural, 121

Considerações finais, 123
Atividades, 125
Glossário, 135
Relação de obras, 137
Relação de artistas, 139
Referências, 141
Bibliografia comentada, 145
Gabarito, 147

Apresentação

ESTA OBRA CHAMA A ATENÇÃO para uma alfabetização visual. Tem como intenção fundamental a estimulação do olhar; pois, muitos de nós, mesmo gozando de uma visão perfeita, muitas vezes, pouco aproveitamos desse bem maravilhoso. Um estudo dos elementos básicos fará com que professores ou futuros professores tenham subsídios fundamentais para atuar com seus alunos ou em suas próprias vidas.

Comporta também uma rápida abordagem sobre algumas manifestações das artes visuais, pois estamos vivendo em um mundo exageradamente repleto de imagens, onde aprender a **ver** é fundamental. Durante a leitura, é perceptível que a história da arte serviu de base para a elaboração deste estudo, no qual onde foram destacadas algumas obras, artistas, movimentos artísticos. Além disso, há sugestões de atividades, as quais certamente facilitarão o trabalho do professor em sala de aula.

Este trabalho, no entanto, fica muito longe de esgotar o repertório tão complexo e naturalmente extenso da linguagem visual. Portanto, pretende apenas introduzir o assunto, trazer um apanhado geral numa linguagem simples, para uma compreensão fácil, e, se possível, aguçar a curiosidade para uma pesquisa mais elaborada e profunda. Pois bem, espero que a leitura seja agradável e que possam aproveitar ao máximo.

Introdução

Não vês que o olho abraça a beleza do mundo inteiro? [...] É janela do corpo humano, por onde a alma especula e frui a beleza do mundo, aceitando a prisão do corpo que, sem esse poder, seria um tormento [...] Ó admirável necessidade! Quem acreditaria que um espaço tão reduzido seria capaz de absorver as imagens do universo? [...] O espírito do pintor deve fazer-se semelhante a um espelho que adota a cor do que olha e se enche de tantas imagens quantas coisas tiver adiante de si.

Leonardo da Vinci

Para algumas pessoas, soa um tanto quanto estranho pensar em linguagem visual, pois, sendo linguagem, para a maioria, refere-se às palavras, ou seja, à escrita. Mas, se é visual, é comum pensarmos em nossos olhos, naquilo que podemos captar de imagens por meio da visão. Pois bem, ao nascer nos deparamos com um mundo cheio de sons, cores, formas; enfim, imagens. É tanta novidade que fica até difícil decifrar tamanha grandeza. Aos poucos começamos a reconhecer pessoas, figuras, e tudo vai tomando sentido, ficando "claro", compreensível.

Depois, começamos a ler o que vemos, aliás, uma criança ainda não alfabetizada verbalmente tende a fazer leituras das imagens cotidianas, associando o sentido das coisas ou dos lugares às suas imagens. Por exemplo, se ela costuma ir com a mãe à padaria da esquina comprar pão de queijo, pode pressupor que no *layout* esteja escrito "pão de queijo" e não "padaria". Segundo Paulo Freire (1991), a leitura do mundo precede a da palavra. Podemos, então, dizer que é mais fácil proceder a inúmeras leituras de mundo, relacionando imagens a palavras, para a criança que ainda não esteja mergulhada no mundo da escrita. No entanto, quando começamos a frequentar a escola, direcionamos nossa atenção às letras e, muitas vezes, secundarizamos o olhar sobre o mundo. Isso é evidente porque nosso olhar, totalmente direcionado ao relógio, nem sequer nos permite ver quantas árvores temos ao redor de nossa casa.

É uma pena, pois a maioria de nós tem a grandeza do olhar. Temos a possibilidade de alcançar a imensidão com a gentileza de nossos olhos. Olhos que, muitas vezes, não são tratados com a devida importância. Leonardo da Vinci conseguiu traduzir em algumas palavras essa maravilha, chegando a se referir ao tormento que seria viver sem a *janela do corpo humano*.

Esta obra vem propor um exercício para a visão artística, uma possível apreciação estética, e, quem sabe, dar margem à criatividade numa proposta de criação. Estamos vivendo cada vez mais um engarrafamento de imagens – a tecnologia, a propaganda, a televisão, o cinema, a fotografia –, olhamos tudo e quase não enxergamos nada, o que nos leva a acreditar que deveríamos ter, na escola, paralela à alfabetização verbal, uma alfabetização visual, ou seja, deveríamos ser condicionados a "ver", perceber, reconhecer, ler, contemplar; enfim... olhar. Com isso, este livro, *Linguagem das Artes Visuais*, pretende não direcionar, afinal cada um de nós tem o domínio sobre o "olhar", e, sim, sugerir uma maior exploração desse olhar, tentar desviar o olhar do "próprio umbigo", mostrar que nós, professores de arte, temos a responsabilidade de captar esta imensidão de imagens, olhar além do horizonte, enxergar além do mar – apresentando a nossos alunos esta maravilha, a maravilha do olhar.

A função da arte

Diego não conhecia o mar. O pai, Santiago Kovadlof, levou-o para que descobrisse o mar.
Viajaram para o Sul.
Ele, o mar, estava do outro lado das dunas altas, esperando. Quando o menino e o pai enfim alcançaram aquelas alturas de areia, depois de muito caminhar, o mar estava na frente de seus olhos. E foi tanta a imensidão do mar, e tanto seu fulgor, que o menino ficou mudo de beleza.
E quando finalmente conseguiu falar, tremendo, gaguejando, pediu ao pai:
– Me ajuda a olhar!

Galeano, 2000, p. 15

Se Diego não conhecia o mar, alguém precisava apresentá-lo, direcioná-lo, conduzi-lo, foi o que seu pai fez, afinal, essa é uma das funções dos pais. A arte também tem a função de apresentar o visual, o musical, o corporal; enfim, é através da arte que temos acesso a muitas manifestações. Temos o instrumento "arte" em mãos (e também nossos olhos), podemos, portanto, fazer grandes descobertas. Aliás, "se confiarmos em nossos olhos e não em nossas ideias preconcebidas sobre como as coisas devem parecer, de acordo com as regras acadêmicas, faremos as mais excitantes descobertas" (Gombrich, 1999, p. 513).

Assim, tendo como crença esse paradigma, neste capítulo, iremos pensar em algumas possibilidades nas quais a arte nos propõe subsídios para desenvolvermos um olhar diferente.

1.1 Um olhar com outros olhos

A função do sofá, quando o compramos para a sala de televisão, é nos acomodar bem. Esse propósito é atingido se a forma do sofá for adequada para sentarmos. Quando compramos algo intencionalmente, nossa percepção é clara. Assim, no exemplo da compra do sofá, qualquer sofá em boas condições de fabricação tende a ter a mesma utilidade: nos acomodar de modo confortável. Mas, se estamos atentos à aparência do sofá, à textura, à cor, à forma, ao espaço em que será colocado, se é macio ou firme, nessas circunstâncias, começamos a perceber as suas qualidades sensoriais. É, então, que podemos gostar ou não do objeto diante dos nossos olhos, portanto não será qualquer sofá que irá nos satisfazer. Nossa percepção nos faz sentir prazer ou desprazer, independentemente de sua funcionalidade. Segundo Donis Dondis, muitas vezes ao olhar algo já o deciframos, em outras, precisamos ter algum conhecimento de seu funcionamento.

> *Às vezes basta ver um processo para compreender como ele funciona. Em outras situações, ver um objeto já nos proporciona um conhecimento suficiente para que possamos avaliá-lo e compreendê-lo. Essa experiência da observação serve não apenas como um recurso que nos permite aprender, mas também atua como nossa mais estreita ligação com a realidade de nosso meio ambiente. Confiamos em nossos olhos, e deles dependemos.* (Dondis, 1997, p. 21)

Para alcançar o alfabetismo através da leitura da escrita, passamos por várias etapas: inicialmente letra por letra do alfabeto, depois a combinação das letras e dos sons (palavras) e seus significados e, finalmente, a construção, a aprendizagem da sintaxe comum. De uma maneira imensamente simplificada é que podemos dizer resumidamente do processo de aprender a ler e escrever, sem pensarmos na necessidade de uma expressão de linguagem elevada.

Para lermos uma imagem, também precisamos percorrer um caminho com uma certa coerência. Podemos iniciar conhecendo os elementos básicos das artes visuais, tais elementos são fundamentais. Podemos até dizer que elementos como o ponto, a linha, a forma, o volume, a luz e a cor são para as imagens como as vogais e as consoantes, para a alfabetização verbal. Porém, não há regra única, não existe um sistema exato. Para Dondis (1997, p. 19), "uma coisa é certa. O alfabetismo visual jamais poderá ser um sistema tão lógico e preciso quanto a linguagem. As linguagens são sistemas inventados pelo homem para codificar, armazenar e decodificar informações. Sua estrutura, portanto, tem uma lógica que o alfabetismo visual é incapaz de alcançar".

Quando nos referimos às **artes plásticas**, estamos nos reportando ao que reconhecemos através de elementos visuais e táteis, como o desenho, a gravura, a pintura ou a escultura. Porém, o estudo desses elementos também se faz necessário em outras linguagens das artes visuais, como o vídeo, o cinema e a fotografia.

Esteticamente, para apreciarmos uma obra, necessitamos de um certo domínio dos conceitos básicos de uma composição. Mas, se nosso objetivo transcende às características gerais em uma pintura ou desenho, em nosso trabalho também se faz necessário um estudo de iniciação à **história da arte**. Muitas vezes, torna-se um tanto complicado conhecer uma imagem por si só; o tempo, o contexto e o espaço são influências importantes na obra; a imagem pode ser relacionada ao autor, à sua época ou até mesmo ao seu estado emocional. O fato é: quanto mais informações tivermos sobre uma determinada imagem, mais subsídios teremos para analisá-la. Assim, com um conhecimento estético e histórico, podemos tomar uma posição perante uma obra, pois é muito rápida a rejeição de quem se depara com uma produção artística que não caracterize o "belo" conforme conceitos visuais arraigados que trazemos ao longo de nossas vidas. Nosso ambiente exerce uma interferência em nossa maneira de ver as pessoas com que convivemos, os programas de televisão que assistimos e os passeios que fazemos. O mesmo acontece em relação à nossa apreciação artística.

Gostar ou não de uma imagem é um direito que temos, mas precisamos ter pelo menos argumentos para isso. Somos aquilo que vivemos. Um olhar sem um exercício não pode perceber o interior de uma imagem, podemos até dizer que um olhar pouco trabalhado não consegue ler as "entrelinhas". Isso porque

> *Ler significa reler e compreender, interpretar. Cada um lê com os olhos que tem. E interpreta a partir de onde os pés pisam. Todo ponto de vista é a vista de um ponto. Para entender como alguém lê, é necessário saber como são seus olhos e qual é sua visão de mundo. Isso faz da leitura sempre uma releitura. A cabeça pensa a partir de onde os pés pisam. Para compreender, é essencial conhecer o lugar social de quem olha. Vale dizer, como alguém vive, com quem convive, que experiências tem, em que trabalha, que desejos alimenta, como assume os dramas da vida e da morte e que esperanças o animam. Isso faz da compreensão sempre uma interpretação.*
> (Boff, 1997, p. 9)

Quando visitamos um museu, muitas vezes não temos informações sobre determinado artista ou sobre sua obra exposta, mas, caso tenhamos desenvolvido em nossa vivência senso crítico e estético de uma maneira geral, ou seja, a experiência de apreciação de outras produções artísticas, ou noções de alguns conceitos contidos numa composição, como equilíbrio, movimento, espaço, proporção e ritmo, temos condições, a partir de nosso ponto de vista, de uma possibilidade maior de apreciação.

Assim, "a experiência recreativa de uma obra de arte depende não apenas da sensibilidade natural e do preparo visual do expectador, mas também de sua bagagem cultural. Não há expectador totalmente ingênuo" (Panofsky, 1979, p. 36). A função de olhar não é simples. Assim, embora possamos gozar de uma visão perfeita, muitas vezes, parecemos vendados. Não basta abrir os olhos, precisamos exercitar nosso olhar, como fazemos com nosso cérebro ou nosso corpo. Essa bagagem cultural, como afirma Panofsky, realmente pesa muito, pois podemos gostar de um determinado quadro porque nos remete a algo na infância ou simplesmente rejeitar outro por nos lembrar de algo desagradável. Essas questões, muitas vezes subjetivas, influenciam, e muito, nosso olhar, mesmo que estejamos esteticamente bem resolvidos.

Observe a imagem na página seguinte, e, de preferência, antes de ler as informações contidas na legenda da foto, responda mentalmente às questões subsequentes.

O que você vê? Que sensação essa imagem lhe causa? O que mais lhe chamou a atenção? O que achou das formas? Que lugar parece ser? Casa? Clínica? Escola? Traz a você um pensamento bom ou ruim? É agradável ou não? Remete à lembrança de um lugar já conhecido? Você olharia diferente, se acaso soubesse que essa construção poderia ser sua?

Pois bem, vemos como queremos ver, nossa atenção é atraída por aquilo que nos é conveniente. Normalmente, aceitamos um terremoto de imagens, uma poluição imensa, e nem nos damos conta. Talvez, se a casa observada fosse de um ente querido, como avó ou mãe, nosso olhar fosse de grande admiração. O contrário ocorreria, caso fosse de alguém não tão próximo. Se o objetivo fosse adquirir essa casa, provavelmente, todos os detalhes seriam observados: a cor, a estrutura, o espaço, as formas, o que seria necessário arrumar, como poderia ficar mais agradável. A observação seria intensa, passaria a olhar diferente o mesmo imóvel que muitas vezes passou por ele e sequer o notou.

Mudamos o foco de nosso olhar de acordo com o momento que estamos vivendo; muda a maneira de olhar o mundo em conformidade com as experiências vividas. O mesmo acontece quando compramos um carro. Temos a impressão, a partir do dia da compra, que só nos deparamos com carros do mesmo modelo e da mesma cor. Quando necessitamos comprar uma geladeira nova, parece que todos os encartes de supermercados e de lojas de eletrodomésticos só ofertam geladeiras.

Vamos, portanto, exercitar nosso olhar. Provavelmente, todos nós já ouvimos aquela velha frase: "Pra quem sabe ler, um pingo é letra", pois bem: O que podemos ver na imagem a seguir? Significa alguma coisa? Ela nos "diz" alguma coisa? Indica algo?

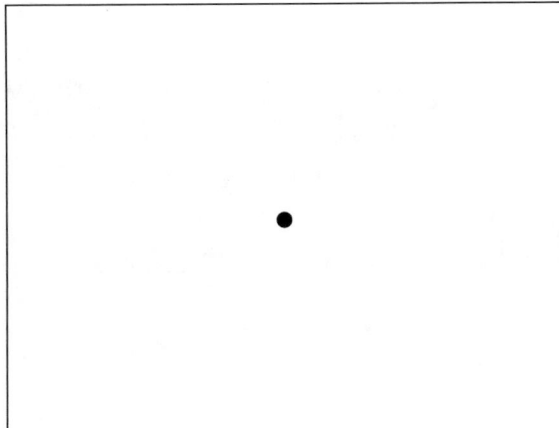

Podemos responder que é um quadrilátero com um ponto dentro. Essa seria a resposta mais objetiva para o que estamos vendo. Porém, se estivéssemos dentro de um avião no céu infinito, ficaríamos em dúvida sobre o que pudesse estar dentro do espaço plano ao avistarmos uma imagem tão distante. E, agora, na imagem a seguir, mudou o que estávamos vendo?

à esquerda:
Casario do Bairro Histórico – Washington.
Espartaco Madureira Coelho, 2007.

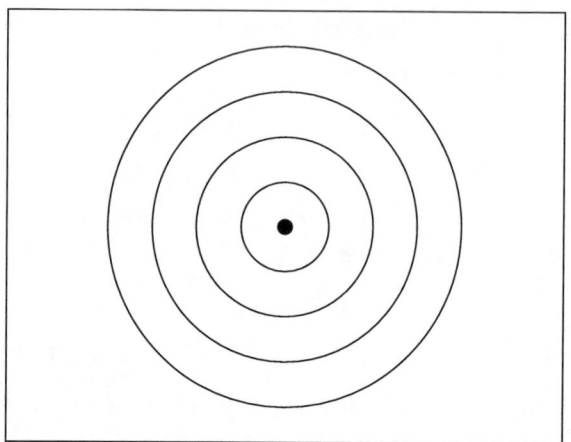

O mesmo ponto, observado em meio a algumas circunferências, agora nos parece apontar algo, como se nos dissesse alguma coisa, pode nos indicar um alvo, um centro, uma pista de pouso.

Se estivermos, portanto, atentos ao nosso campo visual, podemos observar muitas aplicações do ponto: ao olharmos para o céu numa noite sem nuvens, observamos pontos a brilhar e os identificamos como estrelas; um pequeno pingo num papel pode ser diante de nossos olhos o que quisermos, o que nossa imaginação permitir, o que a nossa bagagem nos remeter.

1.2 O ponto

O ponto é, dos elementos da linguagem visual, o primeiro que detém a atenção e também o mais simples. Um ponto isolado em um determinado espaço é sempre um atrativo para o olhar. Quando observamos, no céu imenso, um ponto de luz, ele nos chama a atenção, logo direcionamos fixamente nossos olhos, e surge sempre um questionamento. Num papel vazio, temos a sensação de estar sempre procurando algo, como se nossos olhos buscassem um lugar para se deterem, um pequeno ponto já nos leva a soltar a imaginação e viajar. Isso sem dizer também que é com ele que tudo começa, ou seja, ao tocarmos o lápis no papel, antes de qualquer outro movimento, num simples contato, encontramos um ponto. Trabalhando com pontos, podemos obter efeitos de luz e sombra, volume ou profundidade. Esse processo você pode observar na obra *Uma Tarde de Domingo na Ilha de Grande Jatte*, de Georges Seurat, apresentada na sequência.

Inclusive podem ser conseguidas tonalidades variadas com pontos coloridos. O **pontilhismo**, técnica desenvolvida no final do **Impressionismo**, mostra-nos claramente a utilização de cores primárias e do preto. Vamos, na sequência deste capítulo, conhecer um pouco mais sobre esse assunto.

1.2.1 O Impressionismo

O Impressionismo foi o movimento artístico que aconteceu no período compreendido entre o ano de 1874 (data da primeira exposição) e o de 1886. Ele rompeu com muitas regras impostas pelas escolas acadêmicas, sendo que a sua principal preocupação era o efeito que a luz solar produz na natureza.

Quando surgiu a fotografia (e esse é um fator importante para tal período), os pintores sentiram-se libertos da necessidade de copiar a realidade ou de retratar pessoas, então, como faziam os fotógrafos, os artistas saíram de seus ateliês e foram pintar ao sol, ao ar livre.

Sobre isso, Ernst Gombrich (1999, p. 517) afirma que "as novas teorias não diziam respeito somente ao tratamento das cores ao ar livre (*plein air*), mas também das formas em movimento". Assim, a pintura impressionista não possui contornos, não se prende a detalhes, é feita rapidamente, pois a ideia é pintar o exato momento em que está ocorrendo (passando) a primeira impressão do artista; rapidamente, como quem tem pressa. Sendo assim, é necessário recuar

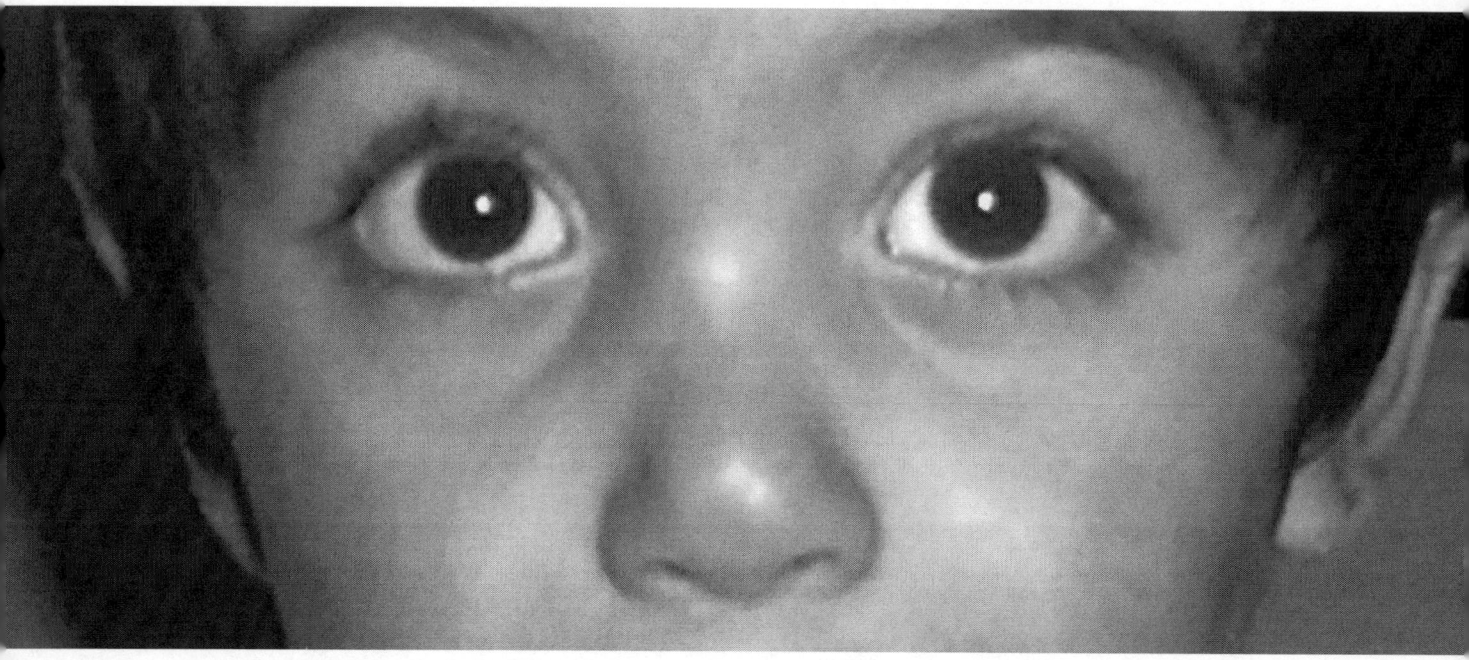

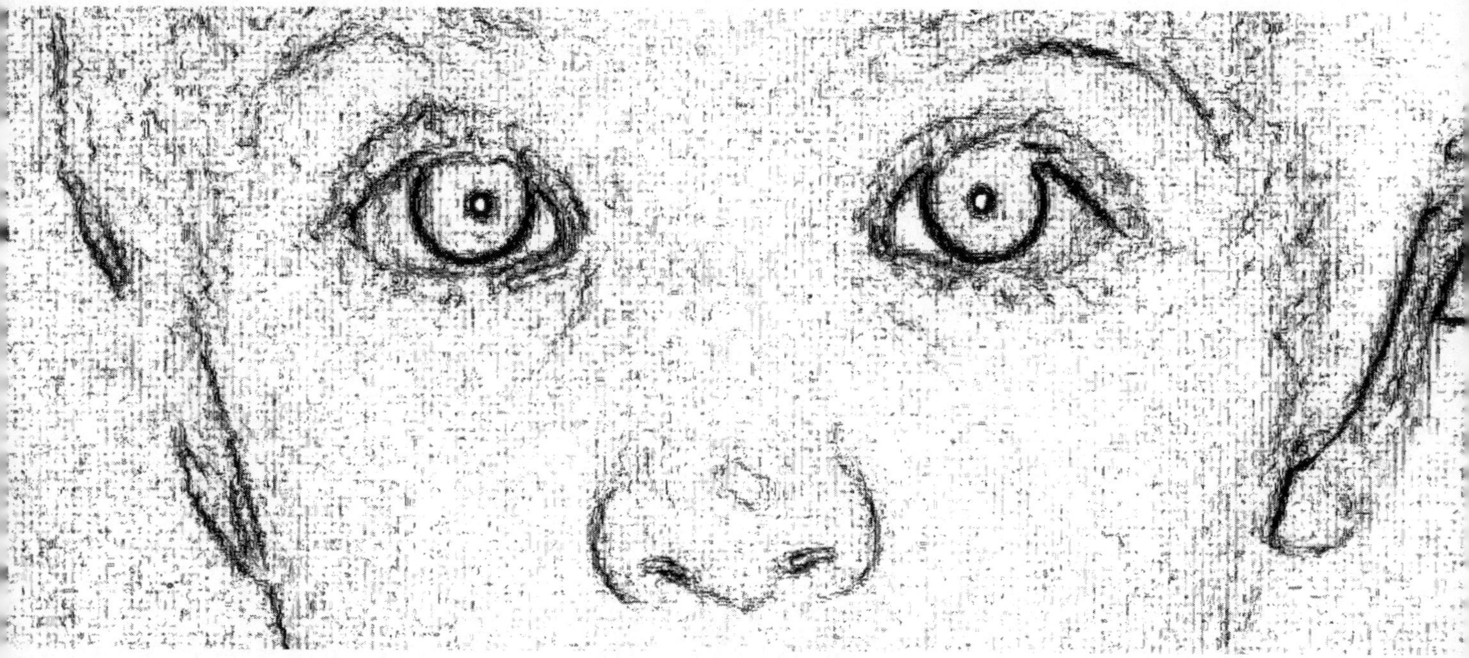

alguns passos para que possamos entender os "borrões" que percebemos ao deparar com a tela muito próxima aos nossos olhos.

1.2.2 O pontilhismo

Temos conhecimento do pontilhismo, neoimpressionismo ou divisionismo, graças a dois pintores que participaram da última exposição impressionista em 1886: Georges Seurat e Paul Signac. Podemos dizer que esses artistas aprofundaram as pesquisas dos impressionistas em relação à percepção óptica. Utilizando apenas cores primárias, eles conseguiram fazer com que, através de pontos, a imagem fosse captada de uma maneira total. É possível termos uma ideia de como isso acontece no quadro de Seurat *Uma Tarde de Domingo na Ilha de Grande Jatte* (*Un dimanche après-midie à lílle de la Grande Jatte*). Nessa tela, o pintor transpõe a imagem de uma tarde de domingo de um local popular, numa ilha do rio Sena, com pinceladas reduzidas a pontos (no todo dá ao observador uma visão geral da cena); no entanto, ao olharmos a uma certa distância, nem percebemos que são pequenos pontos uniformes (Proença, 1994, p. 144).

> *Georges Seurat (1859-1891) nasceu em Paris e estudou na Escola de Belas Artes. Tinha como característica a ordem e a disciplina. Dedicou-se à técnica do impressionismo, assim como estudou a teoria da cor e da óptica. Iniciou a técnica chamada "divisionismo" ou "pontilhismo", posteriormente chamada de "neoimpressionismo", que consistia em utilizar as cores puras, especificamente as primárias (cíano, magenta e amarelo). Teve uma vida bem curta, porém marcante, suas telas são admiradas no mundo todo.*

Os pontos são também o elemento básico das imagens geradas por sistemas de comunicação gráfica, e podemos percebê-los muito bem nas imagens que estão no computador quando são impressas. Na fotografia acontece assim: pequenos pontos, concentrados ou não, permitem-nos a visualização perfeita de uma imagem.

à esquerda:
O Olhar.
Luciana Barone Bueno, 2005.

páginas seguintes:
Uma Tarde de Domingo na
Ilha de Grande Jatte.
Georges Seurat, 1884-1886.

Na primeira imagem, quase nem identificamos a presença de pontos, pois a qualidade da fotografia ou da impressão confunde nossos olhos. Porém, se fizermos uma nova impressão, ampliando-a consideravelmente, teremos uma resolução inferior e, consequentemente, aparecerão os pontos. Há também os efeitos que podemos conseguir através de computador, como podemos reconhecer na segunda imagem, onde a presença de pequenos pontos, agrupados ou não, refletem uma visão geral da imagem.

Para trabalhar com pontos, o ideal é que os educandos observem algumas obras de artistas que trabalharam ou trabalham com essa técnica, se for possível conhecer algum artista da região é ainda melhor; mostrar imagens geradas por computador também é interessante, pois aproxima o conteúdo do universo dos alunos. Para a experiência prática, o material pode também ser variado: canetas hidrográficas, lápis de cor ou tinta. Podem ainda trabalhar com pincel, ponta do dedo ou até mesmo um palito.

Síntese

Fizemos, até agora, uma experiência de olhar. Todos nós temos uma história, guardamos um baú cheio de emoções, como uma bagagem para uma viagem importante. Porém, nossa bagagem cultural influencia e muito nossa maneira de ver e perceber as coisas. Uma imagem pode nos atrair por vários meios: o tema, a cor, uma lembrança, uma necessidade, uma conquista ou um sonho.

Percebemos, neste capítulo, que um pequeno **ponto** pode ter significados diferentes, ou seja, para cada pessoa ele pode representar algo, bem como o fato de muitos artistas o utilizarem para fazer parte fundamental em suas obras. Alguns autores consideram o ponto como um dos elementos básicos para a linguagem visual. No entanto, tratamos o **ponto** separadamente, apesar de sabermos que pode ser considerado um caso particular de linha, ou seja, é uma linha de comprimento mínimo.

Conheceremos, no próximo capítulo, os elementos básicos da linguagem visual, pois são fundamentais para a leitura de uma imagem, sendo para nós, professores de arte, um estudo de grande importância. Veremos cada um individualmente.

Indicação cultural

Filme

Moça com Brinco de Pérola. Direção: Peter Webber. Produção: Andy Paterson e Anand Tucker. Luxemburgo: Imagem Filmes, 2003. 100 min.

> *O filme "Moça com Brinco de Pérola" conta uma história fictícia relacionada ao pintor holandês Johannes Vermeer, do período Barroco. No decorrer do filme, percebemos a sensibilidade do olhar, um olhar diferente possibilitado pela arte. A maneira como a protagonista (Scarlett Johansson) percebe pequenos detalhes na natureza e nos objetos faz com que fiquemos atentos e de "olhos bem abertos". Um filme envolvente, um cenário maravilhoso, que nos remete o tempo todo aos quadros de Vermeer.*

Capítulo 2

Os elementos básicos da linguagem visual

Há um dado deveras surpreendente! Se fôssemos perguntar de quantos vocábulos se constitui a linguagem visual, de quantos elementos expressivos, a resposta seria: de cinco. São cinco apenas: a linha, a superfície, o volume, a luz e a cor. Com tão poucos elementos, e nem sempre reunidos, formulam-se todas as obras de arte, na imensa variedade de técnicas e estilos [...] Ao contrário das palavras, os elementos visuais não têm significados preestabelecidos, nada representam, nada descrevem, nada assinalam, não são símbolos de nada, não definem nada – nada, antes de entrarem num contexto formal. Precisamente por não determinarem nada antes, poderão determinar tanto depois.

Ostrower, 1983, p. 65

CONHECER OS ELEMENTOS básicos que compõem a linguagem visual é equivalente ao fato de aprender a ler o "**B** e **A** = **Ba**". É, pois, o primeiro passo para trabalhar o olhar. Como Fayga Ostrower afirma, os elementos visuais não representam nada aparentemente, porém, no contexto formal de uma obra de arte, passam a ser extremamente significativos. Esses elementos – ponto (já estudado no capítulo anterior), linha, superfície, luz, cor e volume – são responsáveis pela determinação estética dentro da obra de arte. Com eles, fazemos combinações e criamos uma imagem. Ao serem utilizados, por mais simples que sejam, acabam por gerar uma complexidade no resultado final.

Estudaremos, a seguir, cada um em particular, com a intenção de proporcionar um conhecimento mais específico.

2.1 A linha

Sabemos que na junção de muitos pontos, tão próximos que impossibilitem aos olhos identificá-los separadamente, obtemos um elemento que chamamos de **linha**. Apesar de a linha não existir na natureza (convenção inventada pelo homem), ela é tão explorada que temos conhecimento de sua existência desde que o homem começou suas primeiras manifestações artísticas. Nos desenhos rupestres, estudos e pesquisas confirmam que nos primórdios da civilização, logo que nossos antepassados passaram a usufruir de paredes, o que mais rabiscaram foram linhas aparentemente desordenadas. Estas linhas evoluíram, passaram a representar seres e objetos, surgindo a primeira forma de escrita: a **escrita pictográfica**. Com o passar do tempo, essas linhas acabaram se tornando códigos, símbolos e, finalmente, a **escrita alfabética**. Aliás, as letras não deixaram de ser linhas.

Sobre esse processo, Dondis (1997, p. 56) diz que "nas artes visuais, a linha tem, por sua própria natureza, uma enorme energia. Nunca é estática; é o elemento visual inquieto e inquiridor do esboço. Onde quer que seja utilizada, é instrumento fundamental da pré-visualização, o meio de apresentar, em forma palpável, aquilo que ainda não existe, a não ser na imaginação".

À medida que vamos deslizando o lápis sobre o papel, com a intenção plástica e não escrita, temos uma infinidade de possibilidades que descobrimos a partir de um ponto. A direção que tomamos, como conduzimos o desenho, propiciará equilíbrio, movimento, agito, velocidade ou tranquilidade ao trabalho. Isso depende das linhas que se sobressaem em nosso esboço.

Figura 1 – Exemplos de linhas

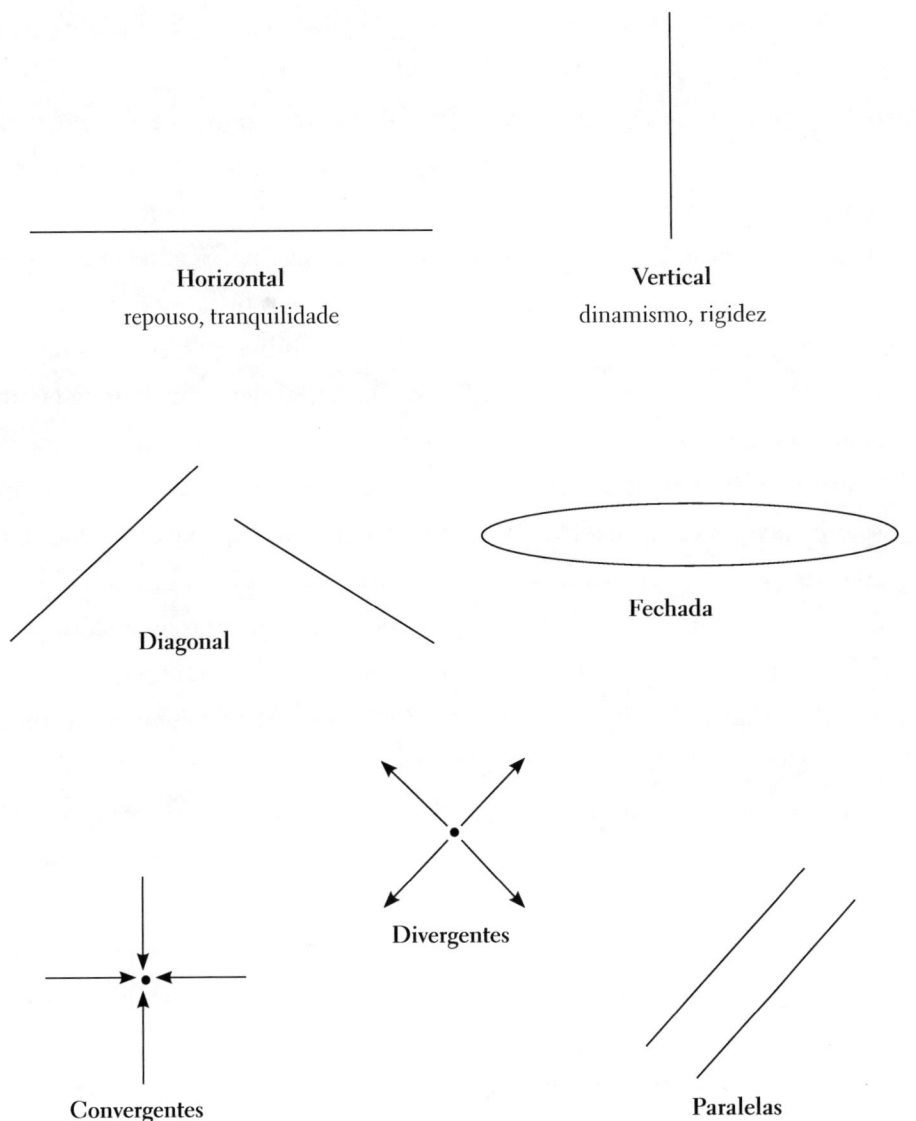

Além de assumirem diversas formas, as linhas também podem expressar diferentes estados de espírito. Um artista pode perfeitamente, através das linhas, transmitir alegrias, tristezas, sofrimentos. Refletir, através de sua obra, suas maiores emoções. A obra *O Grito (Skrik)*, de Edvard Munch, mostra como isso acontece. Uma tela medindo 91 cm x 73,5 cm, com um personagem contorcido à beira de uma ponte em primeiro plano, as mãos segurando o rosto, a boca entreaberta, olhos arregalados, emitindo um grito desesperador, de tal forma que temos a sensação de ouvi-lo e até sentir a sua agonia. Segundo Gombrich (1999, p. 564), "*O Grito* pretende expressar como uma súbita excitação transforma todas as nossas impressões sensoriais. Todas as linhas parecem conduzir a um foco da gravura – a cabeça grita." Podemos ousar dizer que se trata de um autorretrato, ou seja, o próprio artista coloca-se como um ser estranho, isolado em meio a um bombardeio de linhas sinuosas da água e do céu, dando a sensação de agito e conturbação. A ponte é avistada em diagonais paralelas, que conduzem nosso olhar (atravessando a distância que o personagem principal se encontra de outras pessoas presentes) para o centro esquerdo do quadro. E, finalmente, num grito desesperador (numa sequência de linhas fortes, retorcidas) e num entrelaçar de mãos, provoca a expectativa de que a qualquer momento o ser ali representado possa se jogar da ponte.

Hoje podemos entender um pouco mais a agonia do autor. É sabido que Edvard Munch passava por um momento de extrema depressão, talvez o que podemos chamar de *síndrome do pânico* (segundo alguns psiquiatras), pois é evidente o sufoco em que o personagem se encontra, e pessoas que passaram por essa mesma experiência afirmam que a cena da tela é realmente o retrato dessa doença. Angústia, momento de desespero, foi o que Edvard Munch conseguiu nos transmitir nessa obra, que é um ícone para a pintura expressionista. Vamos conhecer um pouco mais sobre essa pintura no item que apresentamos na sequência.

à direita:
O Grito.
Edvard Munch, 1893.

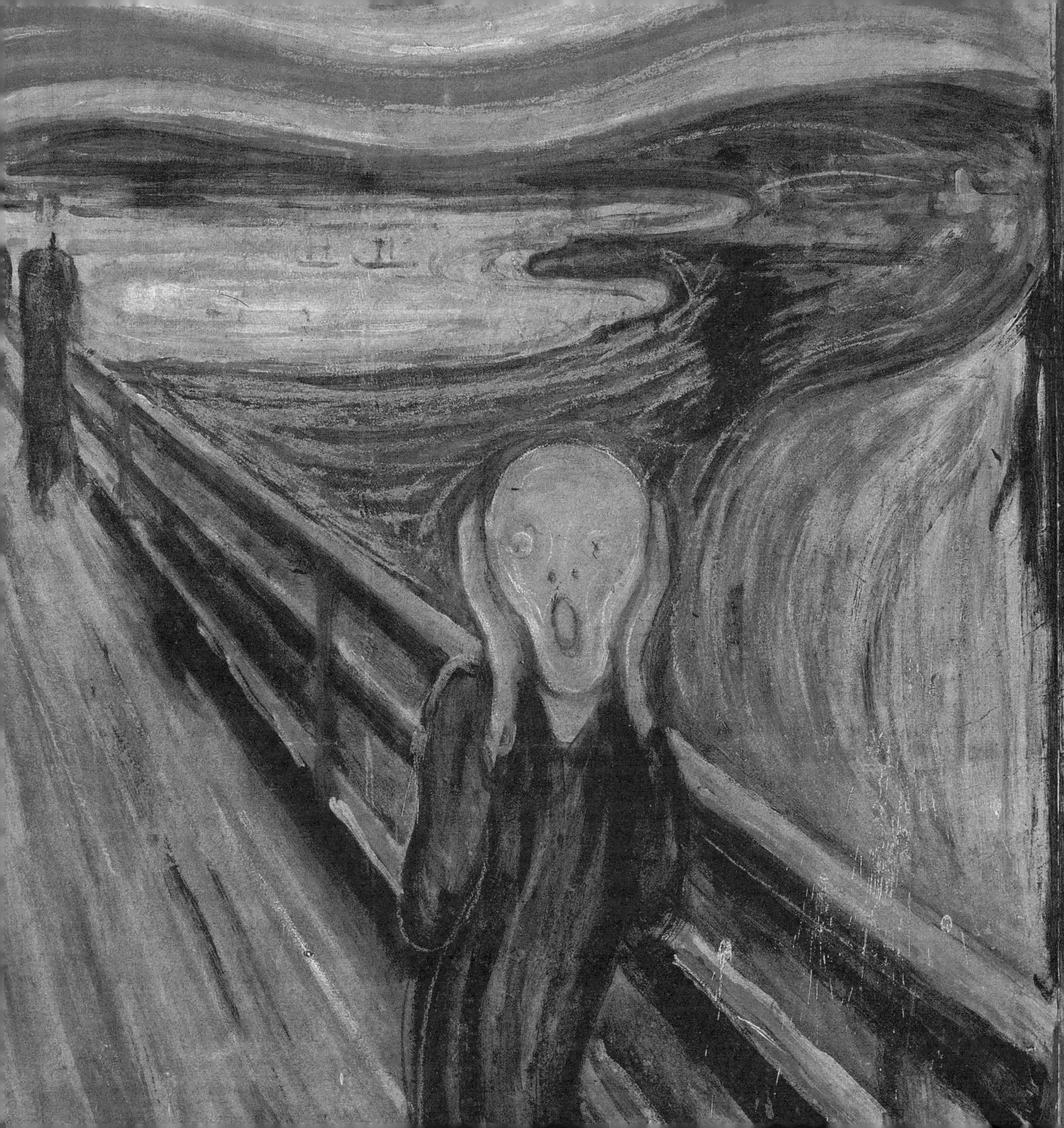

Edvard Munch (1863-1944), nascido na Noruega, pintou durante um bom tempo de maneira convencional, mas, ao se interessar pelas obras de Van Gogh, passou a expressar em sua arte seus maiores sentimentos e desejos. Conhecido como fundador do **Expressionismo,** *tem como sua marca traços fortes, cores exageradas, linhas retorcidas, próprias de uma vida marcada por doenças, mortes e crises nervosas.*

2.1.1 O Expressionismo e as linhas

O Expressionismo foi um movimento artístico que teve origem na Alemanha por volta de 1904 a 1905. Fazia uma relação entre o que se vê e o que se sente, do visível da realidade com o invisível da alma. Caracterizou-se como uma reação ao Impressionismo (que se preocupava com a influência da luz sobre a natureza). Os artistas expressionistas preocupavam-se com os sentimentos humanos, com temáticas sociais, como prostitutas, menores abandonados, trabalhadores, entre outras. Foi através de linhas retorcidas que transformaram suas obras em imagens deformadas, com cores extremamente fortes, que aumentavam a dramatização das cenas.

Sem a interferência de elementos intelectuais, os expressionistas transmitiram em suas telas as mais profundas emoções, angústias e até um certo pessimismo em relação ao mundo e aos homens, possibilitando ao espectador uma reação chocante e feia em relação ao "academismo" (Proença, 1994, p. 152).

Nosso maior objetivo deve ser o de que o aluno perceba o elemento linha como objeto de construção no desenho, identificando diferentes traçados com suas próprias características. Podemos até fazer comparações na diferença de assinaturas ou com nossa própria caligrafia. A questão do material disponível na escola também é muito importante. Podemos trabalhar a linha com giz no quadro-negro ou no chão, na areia com um pedaço de graveto, enfim, deixar a linha viajar.

2.2 A superfície

A superfície é o que chamamos de *forma*, uma forma gerada de uma linha. Dependendo da maneira como essa linha se fecha, delimitando um espaço, obteremos uma determinada superfície. Conforme Ostrower (1983, p. 70), "na organização espacial da superfície percebemos as duas dimensões altura e largura. Essas são de tal maneira integradas que uma não pode ser vista sem a outra, cada uma prendendo a outra no espaço. Assim, as linhas não podem mais correr, ficando presas à área que contornam".

Basicamente, temos três formas na linguagem das artes visuais: o quadrado, o círculo e o triângulo equilátero, conforme demonstrado na Figura 2.

Figura 2 – Três formas na linguagem das artes visuais

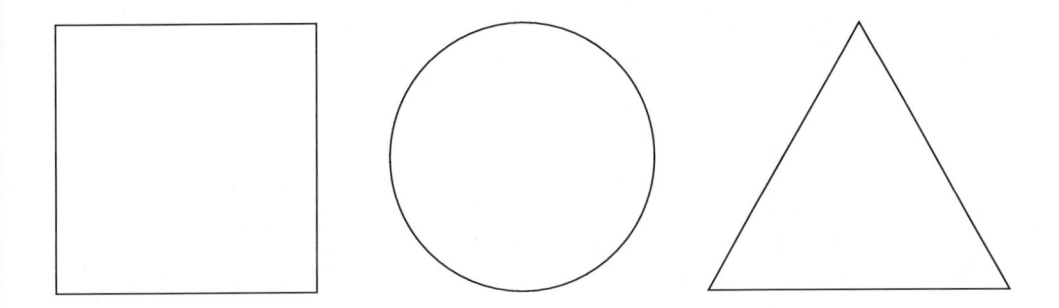

As formas são figuras simples que podem ser facilmente descritas e construídas, tanto visual quanto verbalmente. Com a variação dessas três formas, podemos obter as outras e todas as formas físicas da natureza e da imaginação humana.

As formas básicas podem representar muitas coisas e vários significados são atribuídos a elas. O círculo, a figura curva (mistura de côncava e convexa), pode ser a Terra, a Lua, o Sol; o quadrado, com quatro lados extremamente iguais, pode representar um aparelho eletrônico, uma mesa em vista aérea, uma quadra; o triângulo equilátero, uma figura de três lados iguais, lembra uma oca, uma cabana, um chapéu. Enfim, podemos soltar a imaginação e com poucas linhas organizadas fazer um "mundo".

Figura 3 – Algumas variações de formas

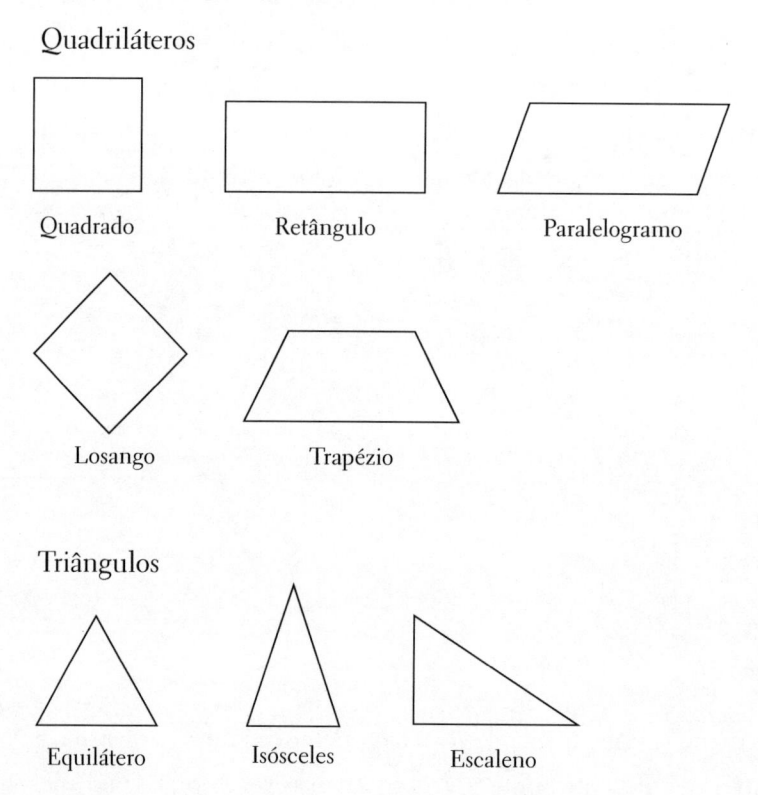

Quadriláteros

Quadrado   Retângulo   Paralelogramo

Losango   Trapézio

Triângulos

Equilátero   Isósceles   Escaleno

Nos desenhos infantis, percebemos claramente a presença das formas básicas da linguagem visual; nas pinturas indígenas e na decoração de ambientes, as formas geométricas também são exploradas; e alguns artistas fizeram delas seu objeto de trabalho, isso aconteceu com os abstracionistas formais. Conheceremos, agora, um pouco sobre o Abstracionismo.

2.2.1 O Abstracionismo e as formas geométricas

A **arte abstrata** ou não figurativa não representa a realidade que nos cerca, é quase o oposto ao figurativismo (este representa os objetos tal como os vemos). Os artistas abstratos, abandonando concepções tradicionais, criaram pinturas com formas e cores que, ao observarmos, não identificamos com nada, de imediato. Segundo Proença (1994, p. 159), dá-se ao pintor russo Wassily Kandinsky (1866-1944) o crédito de iniciador da pintura abstrata.

Existem duas tendências para o Abstracionismo: o **abstracionismo informal** – onde as formas e cores são expostas com liberdade, espontaneamente – e o **abstracionismo geométrico** ou **formal** – em que formas e cores são organizadas de maneira equilibrada. No abstracionismo geométrico, a utilização das formas básicas é evidente, bem como a variação de quadriláteros e triângulos. Um dos grandes representantes desse movimento artístico foi o pintor Piet Mondrian.

> *Piet Mondrian (1872-1944), pintor holandês, desenvolveu um estilo livre de convenções. Ele dizia que cada coisa tem sua essência atrás da aparência e que o artista deveria revelar essa essência. Compunha seus quadros a partir de elementos simples, formas geométricas e cores primárias. Hoje em dia, é muito comum ver o "estilo Mondrian" nos rótulos de alguns objetos comerciais, como produtos de beleza ou acessórios para casa.*

2.2.2 Composição com formas geométricas

Compor com formas geométricas nada mais é que harmonizá-las, tornar agradável aos nossos olhos, fazer a obra "sorrir". É importante direcionar nosso olhar a observar os pontos principais da tela, o que mais deve chamar a atenção do espectador, quais as formas que devem compor a obra, as cores, a intenção, e, claro, um pouco de criatividade e imaginação. Acontece mais ou menos como numa composição musical, o compositor faz uma pré-seleção dos elementos, juntando melodias, letras e sensibilidade num casamento perfeito. Nosso direcionamento deve ser consciente e planejado, o principal objetivo deve ser equilibrar e dar harmonia à composição.

Para realizar uma composição musical, é necessário entender ou pelo menos conhecer os elementos básicos da música, como altura, timbre, duração etc.; para compor com elementos geométricos também, porém, ao contrário do universo da música, todos nós temos um acesso maior às cores e formas, pois estamos em contato com isso o tempo todo. Conhecer um pouco é necessário, mas todos nós podemos arriscar e, quem sabe, até abusar, um pouco, de nossa percepção visual intuitiva.

O valor real de uma obra de arte também está relacionado à disposição dos elementos na tela, podemos, então, aproveitar para trabalhar algumas estruturas compositivas com elementos geométricos, dando aos nossos alunos uma pequena ideia de composição.

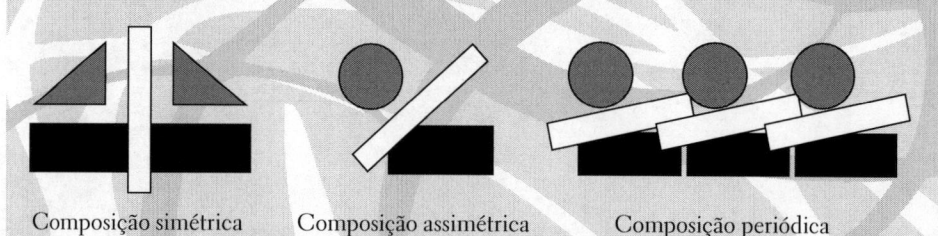

Composição simétrica   Composição assimétrica   Composição periódica

Atividades podem ser feitas com recortes e colagens de figuras geométricas em cartazes para exposição; com desenho e pintura em painéis ou simples composições

com blocos tridimensionais de formas geométricas para montar e desmontar, como se fosse uma brincadeira com blocos lógicos.

2.3 O volume

O **volume** é um elemento mais dinâmico. Ele é obtido quando adicionamos elementos visuais aos elementos já existentes, ultrapassando, assim, o limite bidimensional. Ao introduzirmos duas retas diagonais para unir dois quadrados, o efeito espacial obtido é chamado de volume. Assim, podemos dizer que teremos uma modificação espacial todas as vezes que interligarmos linhas diagonais a linhas verticais e horizontais: o que era plano torna-se profundo. Qualquer volume representa um conjunto de planos em superposições diagonais. Segundo Ostrower (1983, p. 70),

> *O espaço característico de volume é o da profundidade. Lembramos, para maior clareza, que na pintura a noção de profundidade é sempre visual, virtual (ao contrário da escultura, da arquitetura ou da dança, por exemplo, que lidam com a profundidade real do espaço). Na representação do volume, a profundidade é inferida pela ação de diagonais junto aos planos verticais ou horizontais.*

Apresentamos, na sequência, alguns exemplos de espaço e volume.

Figura 4 – Exemplos de espaço e volume

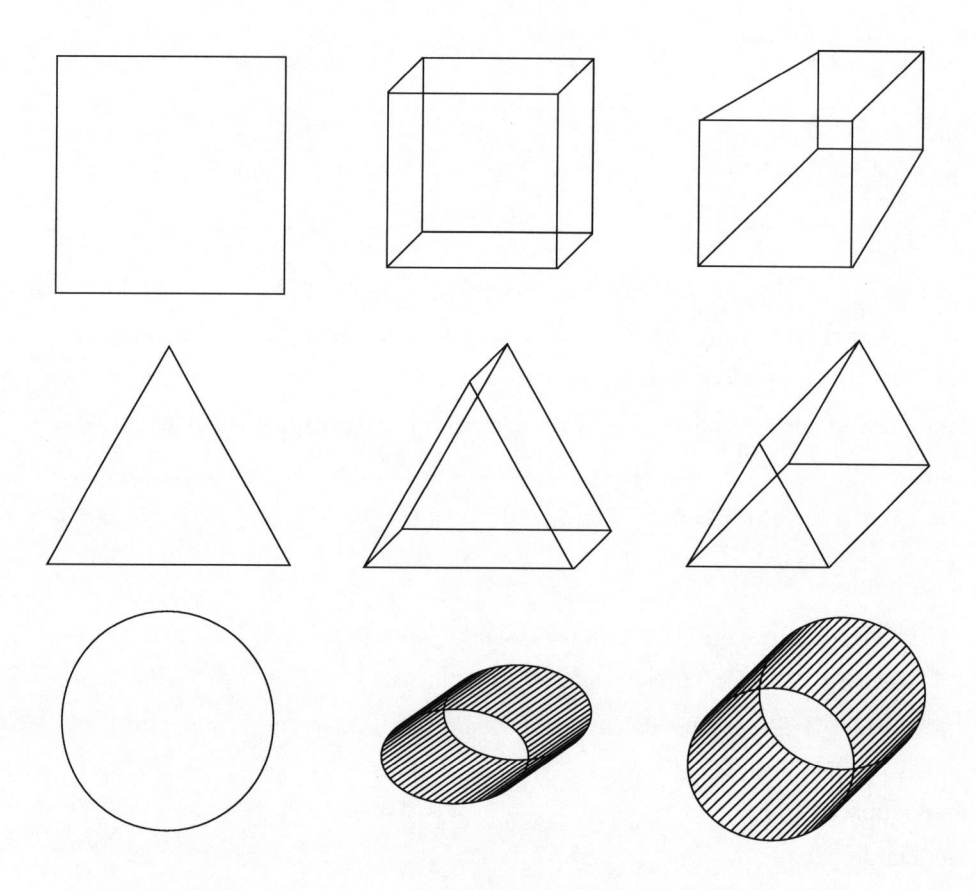

Como podemos observar, aos elementos já existentes (quadrado, triângulo e círculo) foram adicionados elementos visuais, ultrapassando o limite bidimensional.

2.3.1 A perspectiva

A perspectiva é um método que permite a representação num plano bidimensional de seres e objetos, que, vistos pelo observador, dão a sensação real a partir de um determinado ponto de vista, permitindo uma ilusão de proximidade e distância. Portanto, através da perspectiva, visualizamos os objetos de uma forma semelhante à captada pela nossa visão. Segundo Dondis (1997, p. 62), "a perspectiva é o método para a criação de muitos dos efeitos visuais especiais de nosso ambiente natural". A perspectiva também nos propicia a ideia da **dimensão**, elemento este que está sempre implícito na forma e depende das relações feitas na composição.

Em cada momento da nossa história, o homem usufruiu o espaço de maneira diversificada. Na Pré-História, ele colocou figuras nas paredes das cavernas como se estivesse escrevendo e não configurando um espaço. Nos murais egípcios também não temos a ilusão de profundidade, sobrepunham uma figura à outra, isto é, a mais próxima do observador encobria a que estava um pouco atrás, porém, esta não era representada em menor tamanho em relação à primeira; quando observamos a presença de uma figura representada em tamanho menor que as outras num painel egípcio, trata-se de uma diferença social, e não uma preocupação com a profundidade. Na Arte Medieval não há vestígios de existência de perspectiva linear ou aérea, o homem considerava que tudo era obra de Deus e que só a Deus devia dedicar os seus estudos, portanto a preocupação era representar as coisas divinas, independentemente de técnicas científicas. Já no Renascimento, o homem tornou-se o centro de todas as atenções e objeto de estudo. Houve uma enorme preocupação com a ciência e as artes; a perspectiva passou a ser codificada e a ter regras de construção, ganhando dedicação por parte de grandes artistas, cientistas e matemáticos.

Contemporaneamente, a **perspectiva** é ensinada em cursos técnicos e é

páginas seguintes:
A Última Ceia.
Leonardo da Vinci,
1494-1498.

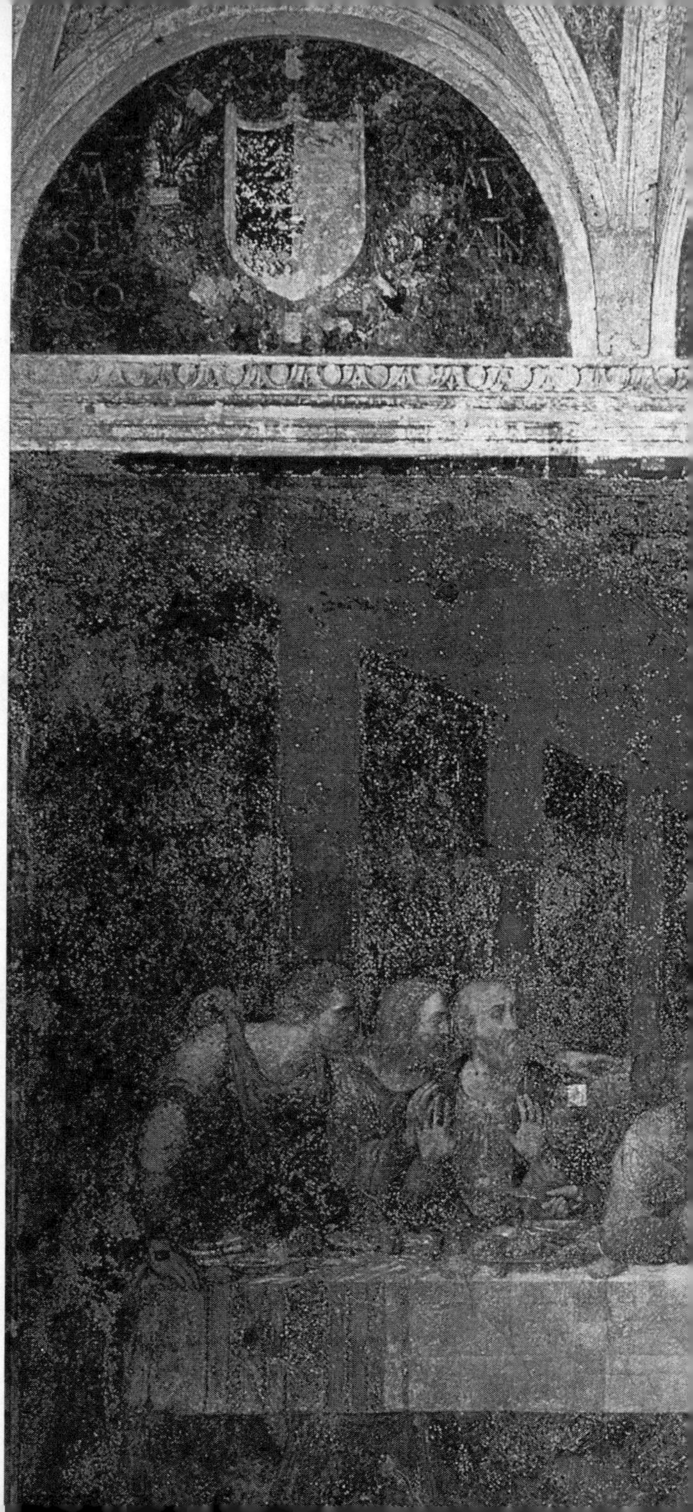

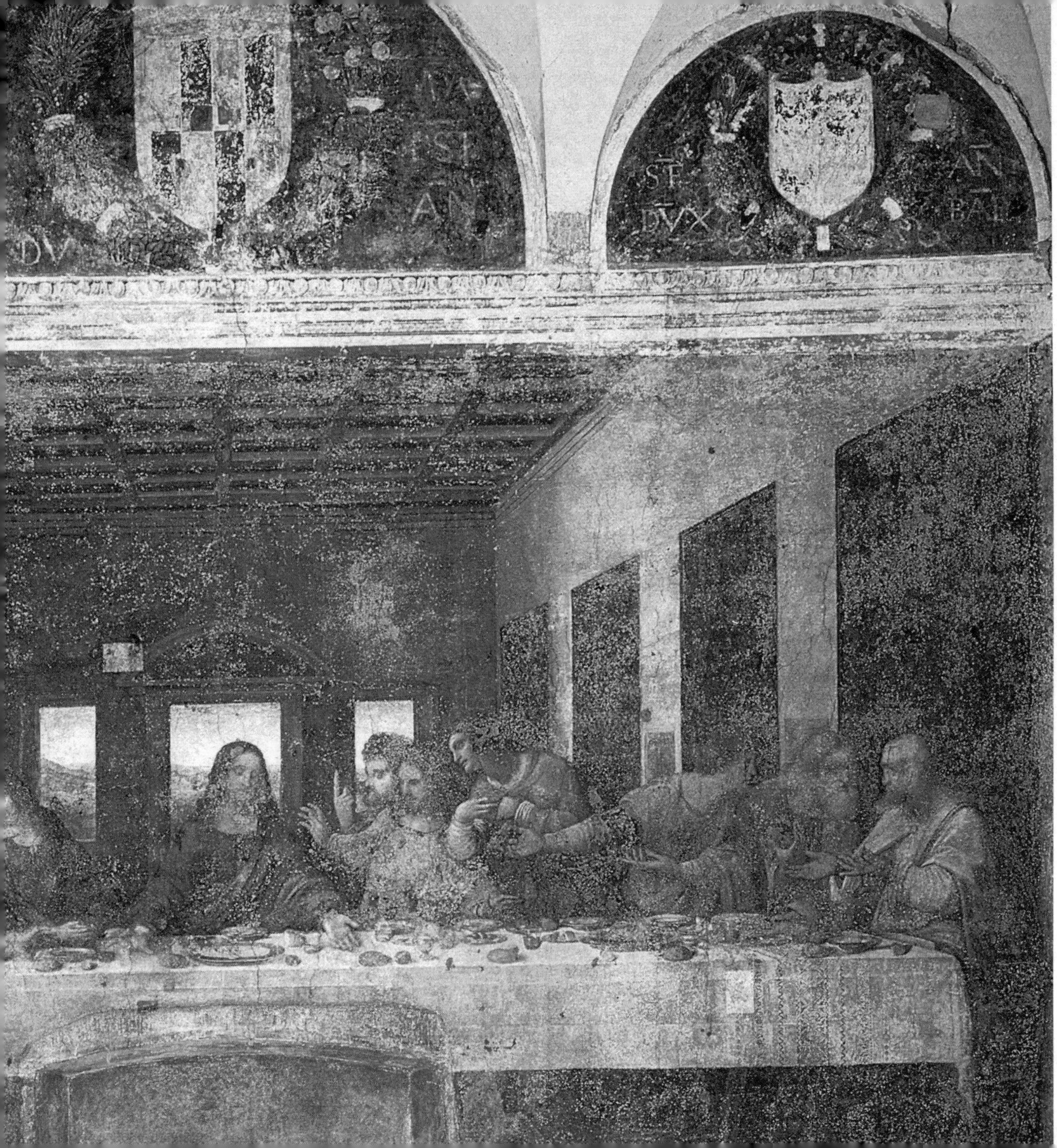

utilizada por desenhistas e arquitetos; embora, caso tenha um pouco de habilidade e visão espacial, qualquer pessoa pode representar um determinado objeto tecnicamente. Sabemos que a arte é uma expressão e atualmente não se limita a definir um espaço convencional, mas, sim, a interrogá-lo, usando, ou não, a perspectiva; porém, é necessário um conhecimento técnico básico, no mínimo uma noção de como a perspectiva é construída, mesmo que para isso trabalhe com o auxílio da informática.

Para observarmos melhor a perspectiva, basta olhar os esquemas clássicos feitos por Leonardo da Vinci: a justificativa é perfeita, e, através de cálculos e linhas, o grande gênio consegue direcionar o olhar do espectador. Isso pode ser constatado em várias obras, principalmente em A *Última Ceia* (*L'Ultima Cena*), onde as linhas conduzem nosso olhar, fazendo-nos direcionar a atenção ao personagem principal do quadro, o Cristo.

A imagem que vamos apresentar a seguir é uma obra de Vincent van Gogh. Ele, por ser precursor do **Expressionismo**, não foi um artista que se possa dizer que tenha trabalhado dentro das regras ou noções de perspectiva e de volume. Porém, na obra *Quintal da Casa da Mãe da Sien, The Hague* (*Achter het huis van Sientje*), faremos um esquema básico de perspectiva, somente para melhor compreensão, como poderíamos fazer em uma foto de revista ou jornal.

à direita:
Quintal da Casa da Mãe da Sien, The Hague.
Vincent van Gogh, 1882.

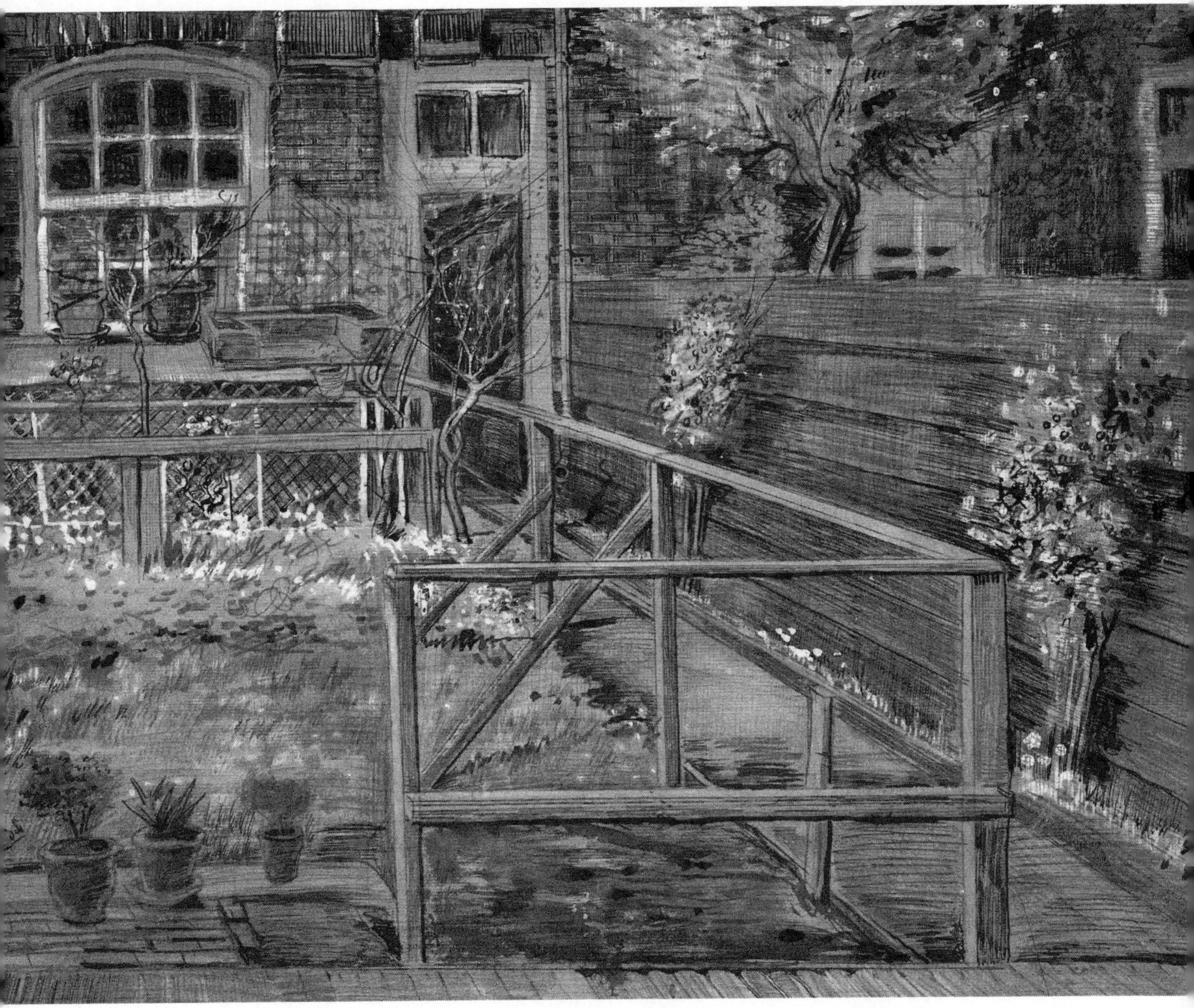

Nesse esquema de perspectiva, podemos observar linhas diagonais que se encontram num ponto comum.

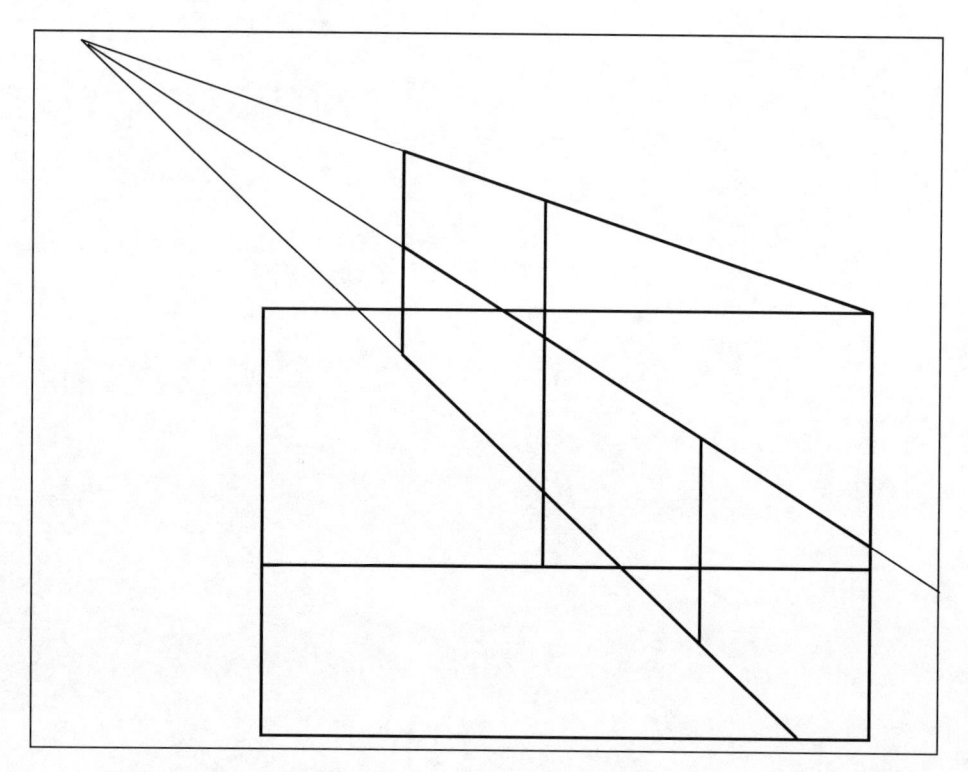

O mesmo pode ser realizado em uma sequência de árvores ou em um ambiente interno.

A intenção agora é que nossos alunos percebam a noção de volume e quais são os recursos plásticos para a sua representação. Alguns exercícios básicos de perspectiva podem ser aplicados ou, até mesmo, exercícios livres sem ponto de fuga, como, por exemplo, partir de um cubo para chegar a objetos como cadeiras e mesas.

Veja!

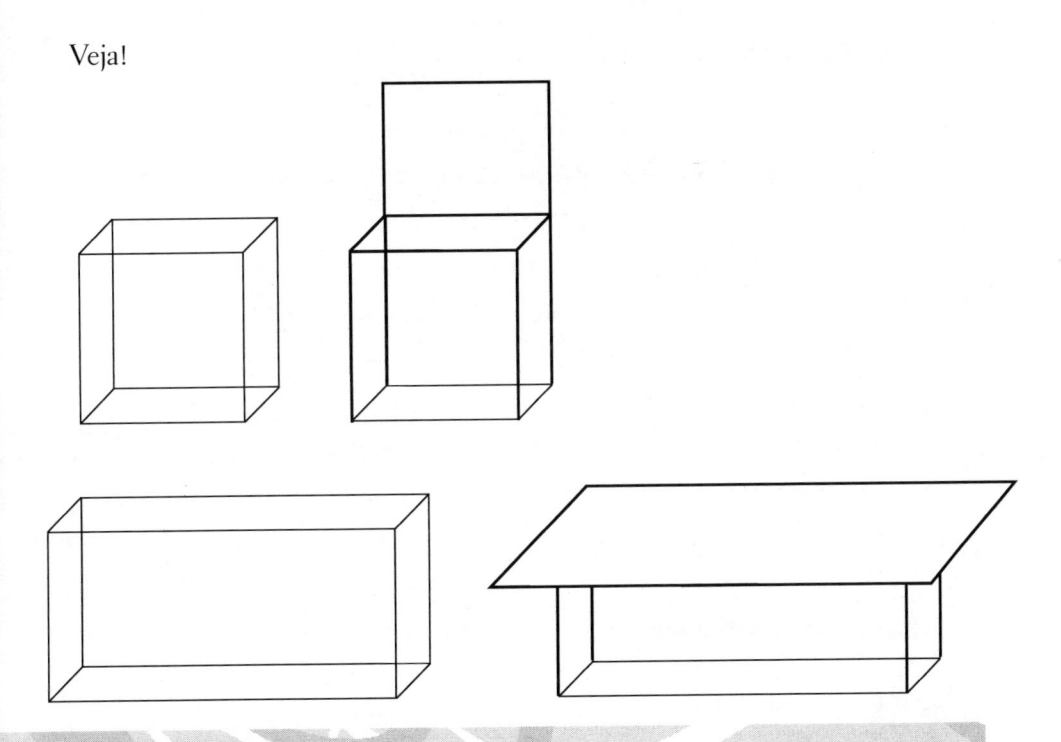

Se a escola dispõe de computadores, esse recurso pode ser observado em programas simples de computação, dando ao nosso aluno uma noção de perspectiva inicial, a qual posteriormente ele poderá trabalhar à mão livre.

As cadeiras de Van Gogh* não se enquadravam em esquemas de perspectiva, pois, como já comentamos, era um artista com tendências expressionistas. Uma boa alternativa é depois de estudar a perspectiva clássica da cadeira, propor aos alunos a deformação, ou seja, ousar, partir para novas ideias. Existem muitos artistas que trabalharam com o tema cadeira, nas mais variadas leituras e interpretações, e isso pode ser explorado pelos estudantes por meio de pesquisa.

* As características de seu trabalho artístico podem ser observadas no capítulo 4, na obra *O Quarto de Van Gogh em Arles* (De slaapkamer).

2.4 A luz

Rudolf Arnheim (1986) afirma que, para ocorrer a visão, antes necessitamos que a luz seja emitida ou mesmo refletida dos objetos existentes no ambiente. Não podemos obter a visão sem a luz. Mas a luz também pode nos auxiliar na representação dos objetos que queremos apresentar em uma imagem. "Graças a ela que vemos o movimento súbito, a profundidade, a distância e outras referências do ambiente. O valor tonal é outra maneira de descrever a luz. Graças a ele, e exclusivamente a ele, é que enxergamos" (Dondis, 1997, p. 64).

A maneira como nossos olhos entendem uma representação gráfica está totalmente relacionada à quantidade de luz e à posição de onde esta é irradiada. A luz produz a variação tonal, ou seja, um acréscimo de fundo tonal nos dá a entender uma aparência real, uma sensação de luz refletida, isso acontece mesmo em superfícies muito simples, como quadrado, círculo ou triângulo. Vejamos!

Figura 5 – A variação tonal

As variações de tom nos permitem distinguir opticamente a complexidade do que estamos vendo, podemos perceber o que é escuro porque está junto ou porque se superpõe ao claro, e vice-versa, existe sempre uma comparação na relação claro-escuro (Dondis, 1997, p. 61).

Como elemento da linguagem visual, não podemos confundir a luz com a luz natural. Em linguagem visual, a **luz** refere-se ao contraste entre o claro e o escuro, e não a um foco de luz, o qual até pode ser utilizado pelo artista em alguns lugares da obra para destacar algo. O elemento luz é constatado nas graduações de claro e de escuro, e não exatamente numa parte clara destacada. Na história da arte, o contraste claro-escuro foi essencial para a obra de muitos artistas, como a do pintor italiano Tintoretto (1518-1549), grande representante da pintura barroca mundial.

2.4.1 O claro-escuro no Barroco

A arte barroca teve origem na Itália, logo difundindo-se por outros países. Com o humanismo e com a Reforma, a Igreja Católica teve o seu poder enfraquecido e para reconquistar seu prestígio organizou a Contrarreforma, ou seja, tomou iniciativas que visavam reafirmar sua doutrina. Assim, aos padres jesuítas coube o trabalho da catequese. Nessa mesma época, arquitetos, pintores e escultores foram contratados para transformar igrejas em verdadeiras exibições artísticas com a intenção de converter todas as pessoas ao catolicismo. A arte barroca tinha predominância na emoção, abusando de efeitos que o contraste claro-escuro podia proporcionar, rompendo com o equilíbrio entre o sentimento e a razão (Proença, 1994, p. 102).

Portanto, na pintura barroca, o contraste claro-escuro é extremamente acentuado, bem como composições em diagonal e efeitos de perspectiva aparentemente irreais. Não havia a preocupação de apresentar formas perfeitas e, sim, uma sensação de movimento teatral, pois a intenção era atingir a fé através da emoção. Muitos artistas consagraram-se nesse estilo de pintura, entre outros: Diego Velásquez, Caravaggio, Rembrandt, El Greco e Rubens.

2.4.2 O claro-escuro no Romantismo

Mais tarde, no século XIX, destaca-se outro movimento artístico com fortes efeitos de claro-escuro, o **Romantismo**. Este se caracterizou basicamente por representações mais subjetivas e emocionais, onde há grande valorização da cor produzindo dramaticidade. Um grande nome da pintura romântica foi Francisco de Goya, personalidade marcante com a sua luta pela liberdade.

> *Francisco José de Goya y Lucientes (1746-1828), pintor espanhol, desenvolveu sua obra com várias temáticas (personalidades da corte, pessoas comuns), mas é através dos horrores da guerra que seu trabalho nos faz refletir sobre os sentimentos de um artista em relação ao seu povo, ou nos assombros monstruosos que a guerra deixa como marcas no ser humano. Como grande representante da pintura romântica, podemos observar, em suas telas, composições em diagonais, configuração dos corpos (que nem sempre seguem a perfeição anatômica) e o forte contraste entre o claro e o escuro.*

O contraste da luz na obra de Francisco de Goya

Na obra *Os Fuzilamentos do 3 de Maio em Madri* (*El 3 de mayo de 1808 en Madrid: los fusilamientos en la montaña del Príncipe Pío*), Francisco de Goya descreve um acontecimento que marcou a história mundial. Em 1808, Napoleão ocupava a Espanha. Os cidadãos de Madri organizaram, no dia 2 de maio do mesmo ano, um levantamento popular contra as tropas napoleônicas. No dia 3 de maio, sob o comando de Napoleão, as tropas executaram centenas de espanhóis. Francisco de Goya, um espanhol apaixonado por sua pátria e extremante contra a opressão e a tirania, pintou a tela que mostra a representação da crueldade da guerra.

O quadro mostra um contraste entre o claro e o escuro, mesmo utilizando um

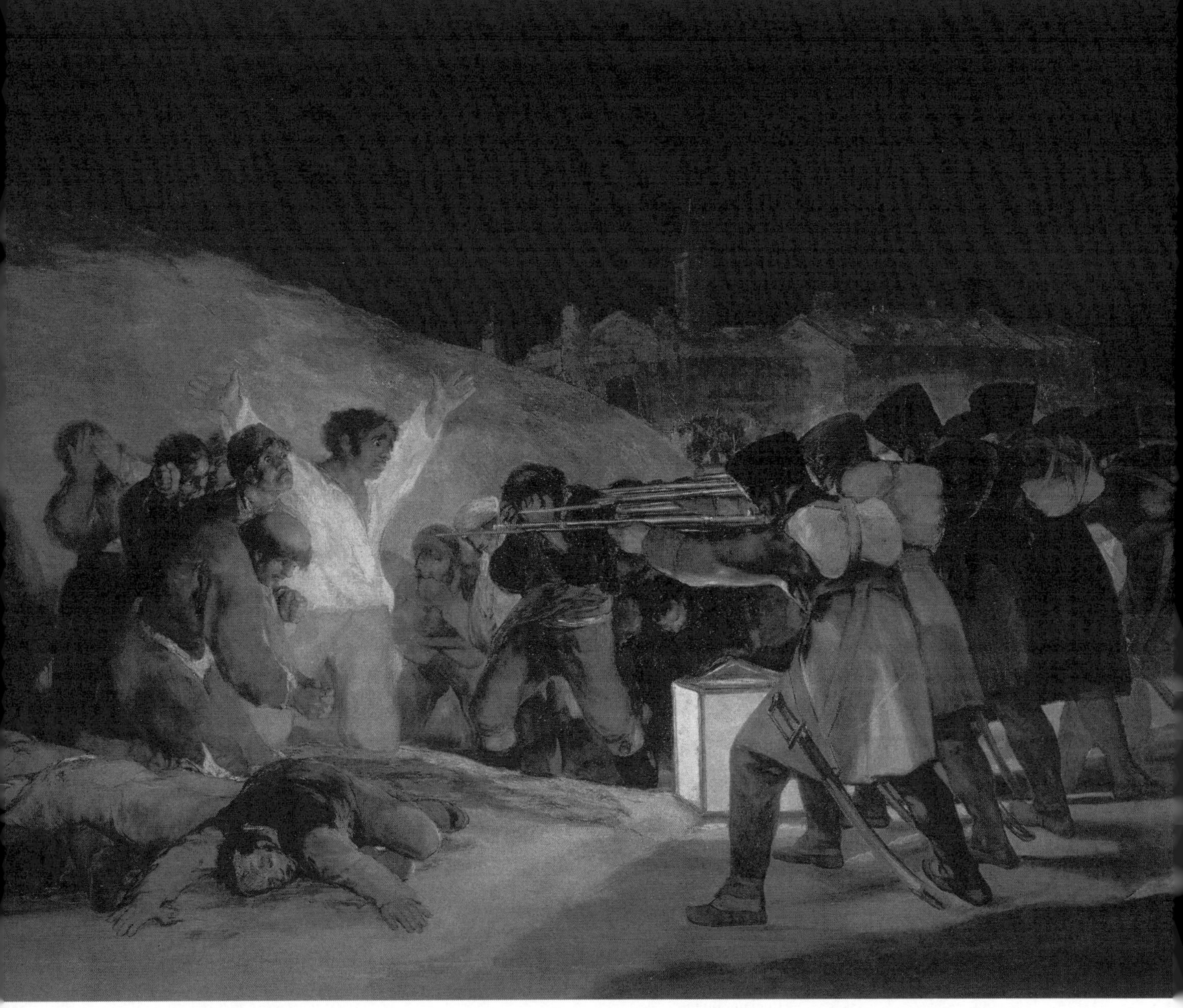

foco de luz que vem da lanterna colocada no chão. Ao retratar o fuzilamento do povo espanhol, ele nos faz entender o desespero dos personagens despreparados para um ataque e em especial de um homem em destaque, que, em forma de cruz, numa possível alusão a Cristo, apela por piedade ao mesmo tempo que se mostra num ato heroico. Apresenta os soldados franceses, com rostos escondidos, vistos de costas, covardemente prontos para o ataque. A cena é trágica, pessoas caídas no chão, mortas, banhadas numa mancha densa de vermelho-sangue. É inevitável que nosso olhar se direcione para os pontos de contrastes do quadro, contraste do branco e do amarelo na roupa do homem, do céu negro entre as cores sombrias dos uniformes, do delinear de uma igreja atrás do monte, contraste entre os homens que vão morrer e os soldados que vão matar. O quadro é composto de recursos que reforçam a dramaticidade da cena: a composição em diagonal e o contraste de luz e sombra (Kraube, 1995, p. 55).

O nosso objetivo é que os alunos conheçam mais artistas, e como estes utilizaram a luz numa forma de expressão. Isso se justifica porque incentivar a pesquisa facilitará o aprendizado. Alguns exercícios básicos de esfumado podem ser aplicados numa escala, e, se o lápis for adequado, podemos obter resultados melhores.

*Como já percebemos, a **luz** (ou o tom) relaciona-se ao enxergar, portanto para nós chega a ser uma necessidade. O próximo elemento a ser estudado, a **cor**, refere-se às emoções e às afinidades, pois cada cor possui inúmeros significados; significados estes que podem inclusive variar de uma pessoa para outra.*

página anterior:
Os Fuzilamentos do 3 de Maio em Madri.
Francisco de Goya y Lucientes, 1814.

2.5 A cor

O elemento cor é para nós o mais próximo, pois vivemos constantemente envoltos por ele; basta olharmos ao redor, seja em casa, no trabalho ou na rua. Nem sempre paramos para pensar, mas vivemos num mundo multicolorido. Além de tornar nossos ambientes mais agradáveis, as cores podem influenciar nossas vidas. Elas nos transmitem algo que, muitas vezes, nem conseguimos explicar.

Como a linha, a **cor** também foi encontrada nas pinturas rupestres. O homem da Pré-História extraiu da natureza pigmentos que serviram de tinta para grandes realizações. Já os egípcios utilizaram cores muito vivas, muitas vezes misturadas ao pó de ouro ou ao pó de corpos embalsamados. Essa evolução em busca de cores cada vez mais ousadas acompanhou a evolução do próprio homem. Até hoje a pesquisa é grande em torno do que seja cor, de como chegar a uma determinada cor e ainda como conseguir mais novidades.

O estudo científico apresenta uma variedade de assuntos interessantes em relação à cor. As principais contribuições foram de Isaac Newton, Thomas Young, Hermann von Helmholtz e James Clerk Maxwell, os quais, através de pesquisas e experiências do exercício do *Disco de Newton* (um disco colorido que girado em alta velocidade produz a cor branca) ou da experimentação com um prisma, alcançaram conclusões bem objetivas.

Nas artes visuais, o emprego da cor é na maioria das vezes fundamental. Em manifestações artísticas, como a fotografia, o cinema ou a televisão, a utilização é de **cor-luz**, que possui uma radiação luminosa visível e origina-se de corpos luminosos, como o Sol, lâmpadas, monitores de computador. A **cor-pigmento** é advinda da luz que os objetos refletem, da substância material que absorve e reflete raios luminosos, corantes (cores químicas); é aplicada na pintura e demais artes plásticas. Vejamos!

Cor-luz

Cor-luz é a denominação para a cor que é formada pela emissão de uma fonte luminosa.

Primárias: *vermelho – verde – azul*

Ao se sobrepor uma luz vermelha sobre uma luz verde, aparece a luz amarela.

Secundárias: *vermelho + verde = amarelo*
   vermelho + azul = magenta
   verde + azul = cíano

Cor-pigmento transparente

São as cores encontradas nas impressoras de computador (utilizada nas artes gráficas e na técnica do pontilhismo).

Primárias: *cíano – magenta – amarelo*

Secundárias: *cíano + magenta = azul*
   cíano + amarelo = verde
   magenta + amarelo = vermelho

Cor-pigmento opaca

São as cores com as quais normalmente trabalhamos com os alunos, pois tintas à base de água, como a guache, são de fácil acesso nessas cores e podem ser compradas na maioria das escolas (utilizada na pintura de um modo geral).

Primárias: *vermelho – amarelo – azul*

Secundárias: *azul + vermelho = roxo*
   azul + amarelo = verde
   vermelho + amarelo = laranja

Em algumas escolas, os professores trabalham com a cor-pigmento transparente; porém, na maioria, normalmente, trabalham com as cores azul, amarela e vermelha (cor-pigmento opaca). Trataremos, a seguir, a respeito destas.

Verde, **laranja** e **roxo** são as chamadas cores secundárias, pois são a mistura de duas cores primárias. Então vejamos! No círculo das cores, temos as primárias e, em seguida, as secundárias; nele, a cor laranja está próxima da vermelha, portanto a cor laranja é uma cor análoga à vermelha e à amarela, são vizinhas. Já as complementares são as que se encontram opostas umas às outras. Na estrela, que apresentamos a seguir, a cor complementar do vermelho é o verde. As cores complementares são muito utilizadas em meios de comunicação e de publicidade por serem uma combinação chamada perfeita.

Figura 6 – Cores complementares

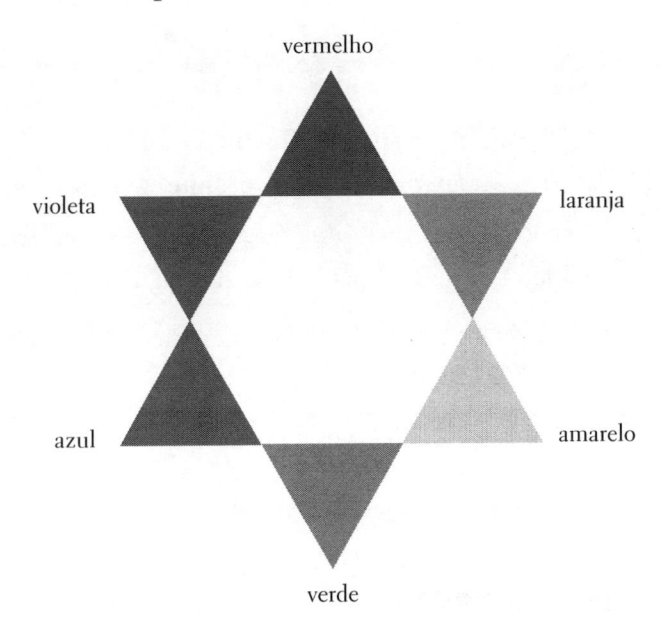

Quando dizemos que um trabalho é **policromático**, estamos nos referindo à utilização de várias cores; já uma imagem **monocromática** é feita com uma só cor com o auxílio do branco e do preto para obtermos diferentes tonalidades (mais claro ou mais escuro).

> **Resumindo**
>
> *Se Cromo = cor*
>
> <u>Cromático</u> = *colorido*
>
> <u>A</u>cromático = *branco, preto e cinza*
> *(a-: prefixo do grego com a acepção de "privação", significa "sem" cor)*
>
> <u>Mono</u>cromático = *uma só cor (podendo ser em vários tons)*
> *(mono-: antepositivo do grego com a acepção de "único", portanto "um")*
>
> <u>Poli</u>cromático = *várias cores*
> *(poli-: antepositivo do grego com a acepção de "numeroso", portanto "vários")*

As cores podem ainda ser classificadas como **cores quentes, frias** e **neutras**. Cores quentes são consideradas mais luminosas, nos dão a sensação de calor, agito, vivacidade, como o vermelho, o amarelo e o laranja; cores frias são menos luminosas, normalmente nos causam sensação de frio, às vezes calma ou tranquilidade, como o verde, o azul e o roxo. As neutras são o branco, o preto e o cinza, que servem para dar tonalidades às cores.

Essas classificações podem ser variadas; se observarmos ao longo da história da arte, para alguns artistas, o emprego das cores foi feito de acordo com suas emoções e não relacionado ao senso comum. Nas obras de Van Gogh, em que foram utilizadas intensamente em algumas telas as cores verde e azul, elas, no entanto, não nos transmitem a sensação de calma e de tranquilidade, pelo contrário, expressam dor, nervosismo e intranquilidade.

2.5.1 A cor e a emoção

A cor é apreciável por si mesma, seja qual for, não podemos afirmar que uma cor é feia, mesmo que uma nos atraia mais que outra; necessário se faz a existência de todas. Portanto, inúmeras classificações são feitas sobre elas: cores quentes e frias, leves e pesadas ou calmantes e excitantes.

Normalmente, é comum encontrar nas cores representações de nosso estado de espírito, também não é incomum alguém nos perguntar se estamos tristes, ao relacionar tal pergunta ao fato de estarmos vestindo uma roupa toda preta; por outro lado, uma roupa preta em certas ocasiões pode significar elegância. Para algumas pessoas, estar "tudo azul" é estar tudo bem, no entanto, para outras, o azul é uma cor que representa calma, frio ou até tristeza. E ainda temos a expressão "A coisa está preta!" Como se a cor preta fosse ruim. O fato é que existe sim um estudo sobre a influência da cor em nossas vidas, mas deixemos bem claro: isso varia de pessoa para pessoa.

É muito normal relacionarmos às cores significações de acordo com nossos pensamentos e sobre isso há vários estudos. Dentro do senso comum, concluiu-se uma série de significados a elas atribuídos que vamos transcrever.

- **Vermelho**: representa o sangue, o fogo; transmite a sensação de violência e de paixão.
- **Laranja**: cor que representa aventura, domínio, produção e criatividade; estimula a conversação e o senso de humor.
- **Amarelo**: cor vitalizante; representa o ouro e também a inteligência; "atrai a luz".
- **Verde**: associada à ideia de fé, liberdade, tranquilidade e afeto; cria um ambiente equilibrado, suavizante e calmo à sua volta.
- **Azul**: agrega a concepção de céu, imensidão, calma e tranquilidade; sugere espiritualidade e ordem.

- **Violeta**: relacionada ao misticismo, a tristezas; gera sentimentos como respeito próprio, dignidade e autoestima.
- **Maravilha (*pink*)**: é atribuída aos estados de excitação e de reações imprevisíveis.
- **Marrom**: associada com terra e estabilidade; cor de pessoas de ideais e de crenças bem reforçados.
- **Branco**: pode estar associada à limpeza, pureza, inocência, paz, santidade, simplicidade, bem, alma, harmonia, otimismo e modéstia. Para os orientais é a morte, o fim. Não é propriamente uma cor, é a reunião de todas as cores.
- **Preto**: remete ao significado de prudência e tristeza, quase sempre é a cor da morte, do luto e da penitência; agrega ainda a ideia de sombra, noite, pessimismo, dor, temor, melancolia e angústia. Absorve a luz solar, é a ausência de cor.

2.5.2 A cor e a arte

O artista está sempre procurando recursos para transcender sua obra, nesse processo, a cor é um dos elementos que mais reflete as emoções do autor. Na história da arte, fica difícil classificar quais os artistas que não abusaram da cor para atingir o ápice de seu trabalho, mas alguns fizeram da cor o ponto principal. Isso aconteceu com os impressionistas, expressionistas, abstracionistas e fauvistas; pois, apesar de usarem de outros recursos, a cor foi vital para suas obras.

Pablo Picasso, por exemplo, teve sua **"fase azul"**. Fase que correspondeu a um momento infeliz de sua vida (o da perda de um amigo querido). Nesse período, ele fez pinturas monocromáticas em tons de azul e com temas melancólicos, numa característica expressionista. Em outro momento de sua carreira, utilizou intensamente a cor, provavelmente para mostrar uma euforia, alegria, talvez. Na **"fase rosa"**, fase em que se encontrava apaixonado, pintou tons de rosa e temas de famílias. Quando pintou a famosa *Guernica* (posteriormente voltaremos a falar nessa obra), não colocou cor propositalmente, pois queria uma obra que retratasse a frieza da guerra; como num sinal de indignação, utilizou preto, branco e cinza (Venezia, 1996a).

Henri Matisse (1869-1954) foi um dos pintores **fauves** (feras). Fauvismo é um movimento artístico composto de artistas que pintavam como "feras", partiam da simplificação das formas e empregavam cores puras em suas telas, sem misturá-las ou matizá-las. Matisse foi o primeiro pintor ocidental a usar as cores apenas pela beleza que irradiam e não para corresponder ao que via, se ele pensasse que o rosto de uma determinada mulher pareceria melhor em seu quadro se fosse vermelho, ele o pintava de vermelho. Em suas obras, o artista utilizava as cores com total liberdade.

> *A teoria da cor vai muito além do que foi apresentado neste espaço sobre a* **cor** *como elemento da linguagem visual. Sabemos que existem questões sobre cor-luz e cor-pigmento que poderão ser estudadas mais profundamente com os alunos através de pesquisas e experiências, como o exercício do Disco de Newton ou uma experimentação com um prisma. Portanto, além de trabalhar questões como monocromia, contraste complementar, cores análogas, primárias e secundárias, as aulas de arte podem fazer parceria com a física, num aprendizado muito interessante e envolvente.*

Síntese

Como vemos, elementos visuais não possuem significados preestabelecidos, pois passam a significar ou determinar algo num contexto formal; é no conjunto, ou seja, num todo que podemos compreender a função de cada um. Segundo Dondis (1997, p. 82), "a linguagem é complexa e difícil; o visual tem a velocidade da luz, e pode expressar instantaneamente um grande número de ideias.

Esses elementos básicos são os meios visuais essenciais. A compreensão adequada de sua natureza e de seu funcionamento constitui a base de uma linguagem que não conhecerá nem fronteiras nem barreiras".

Pois bem, fizemos, neste capítulo, um apanhado dos elementos que compõem uma imagem visual: as linhas; a superfície e as formas geométricas; o volume, bem como a perspectiva; a luz e a cor. Percebemos que em toda imagem – seja ela pintada, fotografada, esculpida ou desenhada – e em qualquer manifestação visual, estaremos sempre observando a presença, se não de todos, mas de a maioria desses elementos. Para que o nosso estudo acontecesse de uma maneira completa, apresentamos informações sobre alguns períodos da história da arte e sobre a vida e a técnica de alguns artistas. Afinal, para possuirmos uma capacidade de interpretar melhor as imagens, necessário se faz aumentar nosso repertório e cultivar o hábito de ver e apreciar.

Indicação cultural

Filmes

GOYA en Burdeos. Direção: Carlos Saura. Produção: Andrés Vicente Gómez. Espanha: Lolafilms Listribución, 1999. 106 min.

> *O filme Goya conta a história do pintor Francisco de Goya, exilado em Bordeaux (França). O pintor relembra os acontecimentos mais marcantes de sua vida nas confidências que faz para a filha. Rememora os tempos em que era jovem, a luta para conseguir um espaço na corte, o romance com a duquesa de Alba (seu único amor verdadeiro), incluindo fatos até o fim de seus dias. Uma produção muito adequada ao sentimentalismo forte do artista romântico, onde cenas com contraste de claro-escuro, posições diagonais, nos remetem aos quadros do pintor.*

Capítulo 3

As manifestações
das artes visuais

*Há cegos de nascença. Cegos física ou espiritualmente.
Para ambos, a pintura é nociva. Há homens em estado letárgico
que podem despertar, senão fecharem os olhos deliberadamente.*

Kandinsky, 1996, p. 221

TODOS SABEMOS QUE EXISTEM muitas formas de "olhar", da mesma maneira que há uma infinidade de imagens e expressões artísticas as quais, nós, "pobres mortais", não conseguimos alcançar dada a sua tamanha grandeza. Até o século XIX, inclusive, os estilos duravam um longo tempo até serem substituídos por outro. No entanto, a partir do século XX, outras maneiras de visualizar a arte apareceram, os avanços tecnológicos ampliaram as nossas possibilidades e dinamizaram o processo, abrindo nossas mentes. Tecnologias, como TV, vídeo e computador, transformaram a representação da imagem, que ficou cada dia mais interessante e extremamente nova. Isso não significa que deixamos de lado as eternas imagens realizadas pelo desenho, pintura ou escultura. Estamos acompanhando a modernidade, e, nesse mundo repleto de olhares, haverá sempre um lugar para inovação. Existem várias formas de manifestação visual, porém todas mantêm o mesmo princípio, sendo que a construção de qualquer uma delas implica conhecer e compreender os elementos visuais estudados no capítulo anterior.

3.1 Desenho

Quando estamos ao telefone e precisamos anotar algo, antes de começarmos a escrever é comum fazermos uns rabiscos, deslizando a caneta ou o lápis sobre qualquer papel que esteja a nossa frente. É quase uma atitude mecânica. O ato de desenhar ou rabiscar faz parte de todas as culturas e atravessou toda a história da vida humana. Desenhar é, portanto, utilizar a mão para executar gestos necessários para rabiscar e através de um objeto, que prolonga a mão, realizar os mais profundos sentimentos; transportar para o real algo presente apenas no pensamento.

Antes de qualquer trabalho artístico, o desenho é sempre utilizado, ele transforma o visual e torna compreensível algo que muitas vezes não conseguimos entender por meio de palavras. Você provavelmente já ouviu aquela velha frase: "Não entendeu? Quer que eu desenhe?" É uma maneira irônica, mas não irreal. É uma forma perfeita de fazer com que alguém entenda o que queremos transmitir. Até mesmo numa partida de futebol isso acontece. Esquemas são feitos, preparando jogadas num quadro ou papel, antes de os jogadores entrarem em campo.

3.1.1 Desenho de ilustração

A ilustração transforma palavras em imagens. Ela leva leitores que viajam usando a imaginação, através da leitura escrita, a visualizar com exatidão, aquilo que o autor pretendia expressar no seu íntimo. A ilustração torna real, atraente e compreensível a mensagem, sendo um recurso de grande utilidade na literatura infantil, pois incentiva a linguagem visual. E, em livros técnicos ou didáticos, facilita o conhecimento e a aprendizagem.

Muitos artistas adaptaram-se a este novo campo de trabalho, pois, com a frequência de circulação de materiais impressos, novas possibilidades apareceram para profissionais das artes nessa área. Nesse contexto, "a produção em massa de livros e periódicos, decorrente de uma maior perfeição técnica da reprodução impressa, abriu um novo campo de participação para os artistas – a ilustração" (Dondis, 1997, p. 203).

É possível entender essa situação se tomarmos como exemplo uma aula em que o professor precise explicar como era o *14 Bis*. Se, em tal situação, ele utilizar a ilustração subsequente a este trecho (capa do *Le Petit Journal*, 25/11/1906), torna-se mais fácil visualmente demonstrar como foi a invenção de Santos Dumont. Numa aula restrita ao uso da linguagem verbal, os alunos poderiam imaginar, mas não teriam certeza. A ilustração favorece o entendimento, ou seja, conduz à aprendizagem.

3.1.2 Desenho industrial

Desenho industrial é uma atividade em que a criatividade é fundamental, tem como objetivo determinar as propriedades formais em objetos que serão produzidos industrialmente. Propõe um visual novo a ser aplicado em um produto, abrangendo suas características exteriores e também suas relações estruturais e funcionais.

14 bis

Tem como intenção, através de uma estética inovadora, compor uma boa relação entre as necessidades do consumidor e as preocupações do produtor. Ele atua diretamente na questão comercial, ou seja, produz uma melhoria visual no *design* de objetos para assim lhes proporcionar melhores atuações no mercado.

Segundo Dondis (1997, p. 211), "o *designer* industrial se transformou no artesão dos tempos modernos, e a palavra *design* adquiriu um novo significado – 'a adaptação de um produto à produção em série'. A filosofia da Bauhaus contribuiu em muito para resgatar o objeto produzido em série da cópia de mau gosto do objeto manual: inspirou produtos simples e funcionais, de estilo moderno".

A Bauhaus foi uma escola de arquitetura fundada em 1919 na Alemanha por Walter Gropius, sendo desativada pelo regime nazista em 1933. A escola estava estruturada dentro dos princípios do **construtivismo**; e, unindo arte à engenharia, os estudantes, segundo Gombrich, participavam no projeto dos edifícios e dos acessórios. "Foi nessa escola que inventaram as cadeiras de aço tubular e outros equipamentos semelhantes de nosso uso cotidiano." (Gombrich, 1999, p. 560).

O desenho é também a expressão artística mais utilizada na escola, é a maneira mais fácil de o aluno aprender a manusear instrumentos, como o lápis ou a caneta, facilitando posteriormente a alfabetização escrita. Além disso, o material que o aluno já tem pode ser aproveitado; assim, várias técnicas podem ser aplicadas, desenho com: grafite, lápis de cor, giz de cera, nanquim.

O desenho pode ser classificado em: de observação, de memória e de imaginação.

Desenho de observação*: é um meio para dominarmos tecnicamente o desenho e praticar a nossa maneira de olhar, pois só com muita observação é que se consegue grandes resultados no desenho acadêmico. Porém, por causa da postura técnica, com muitas regras, nessa maneira de desenhar, ele pode prejudicar a*

à esquerda:
Ilustração *14 Bis*, capa
Le Petit Journal, Paris,
25/11/1906.

criatividade do aluno. O professor deve, sim, usufruir, isto é, utilizar, aproveitar, o desenho fiel à realidade, mas isso não pode ser uma atividade única; depois da observação, a atividade deve partir para outros recursos, possibilitando a interferência do aluno.

Desenho de memória: *para o nosso aluno dominar a arte do desenho de memória, antes de tudo tem que ser bom observador, e, para isso, a figura do professor é fundamental. Anterior à atividade de memória, o aluno deve trabalhar a visão e, depois de um exercício observatório, trazer os elementos mais importantes captados e registrados em algum momento das aulas para finalmente realizar um bom trabalho de memória. Mesmo transferindo algo observado para o papel, o aluno deve sempre ter a oportunidade de buscar sua própria expressão, trazendo na memória algo que para ele seja significativo, e o professor deve incentivá-lo a expor sua maneira de "ver".*

Desenho de imaginação: *é o momento em que o aluno desenvolve sua capacidade criativa com mais liberdade, mas isso não significa que vai aparecer aquela velha frase muito criticada que acontece em algumas aulas de arte: "Hoje, desenho livre", cujo significado, para a criança, era: desenhar algo para passar o tempo e, assim, a aula acabar o mais breve possível. Estimular a imaginação é algo que deve ser feito constantemente, e o desenho traz subsídios para isso; portanto, juntar observação, imaginação e grande incentivo e estímulo com certeza sempre vai dar bom resultado.*

Desenhar é uma linguagem muito apropriada para o trabalho com artes visuais na escola. Podemos propor o improviso, possibilitando, assim, o trabalho sem muitas restrições, e há também a facilidade de aceitação, pois a maioria das crianças já vem de casa gostando de desenhar e de pintar.

3.2 Pintura

A pintura é das manifestações visuais a primeira que surge em nossas mentes quando falamos em imagem; pois, se falamos em **artes plásticas**, logo imaginamos um quadro. Não é preciso justificar, a pintura é uma manifestação visual, com a qual, desde criança, temos contato na escola ou em casa. Sabemos de sua existência desde nossos primórdios, como vimos no elemento "cor". O homem da Pré-História já buscava meios de fazer pinturas de animais ficarem o mais próximo do real, a ponto de ser para eles uma magia, algo que transcendia o poder humano. A imagem pintada na parede era uma conquista, significava domínio. Os egípcios coloriam suas pinturas com cores fortes, e elas eram voltadas às intenções religiosas, como se as pinturas "falassem" com seus deuses e mortos.

Durante toda a história da arte, vemos manifestações através da pintura, sem excluir um período ou movimento sequer. Desde as civilizações mais simples às mais ricas e poderosas, a pintura fez parte da história de cada uma. Foi a maneira de retratar na corte a Família Real, as guerras, as revoluções, as conquistas, a desigualdade social, o povo, a Igreja, o poder, o sofrimento, a dor, a fome; enfim, nada, nem um tema, nem uma técnica passaram despercebidos a essa expressão forte das artes visuais.

3.2.1 Tipos de pintura

A atividade artística pintura consiste na aplicação de pigmentos coloridos num plano bidimensional, onde os suportes (superfície sobre a qual se pinta) podem ser dos mais variados, como telas, murais, paredes, papéis, metais, cerâmicas ou o próprio corpo. Os temas (o assunto do qual trata a pintura) também são diferentes: natureza-morta (representa objetos sem vida – frutos e flores em vasos, por exemplo); retrato (imagem de uma pessoa); paisagem (representa a natureza); temas religiosos ou fatos históricos, ou ainda abstrato (não figurativo).

Conforme Moletta (2006, p. 19), "para outros, as artes, em especial a pintura, está diretamente ligada ao meio histórico e social, o que se observa na técnica, na expressão e nos sentimentos e sensações que o artista desperta no espectador". O fato é que, ao longo da história, nos mais variados lugares do mundo, os artistas realizaram suas pinturas com diferentes técnicas. Para isso, contaram com o auxílio de palheta (uma placa de madeira, vidro ou metal em que o pintor faz as misturas de tintas), pincéis, barras e espátulas e obtiveram resultados extremamente interessantes. De acordo com Kraube (1995), destacam-se entre essas técnicas a:

- **pintura a óleo**: quando o pigmento é uma substância gordurosa que se dilui em óleo. O óleo demora um bom tempo para secar, com isso é possível fazer retoques;
- **pintura acrílica**: o pigmento é misturado com substâncias sintéticas parecidas com plástico, a secagem é rápida, muito utilizada em murais;
- **aquarela e têmpera**: a aquarela é transparente, dissolve-se em água, e o resultado permite ver o branco do papel através da cor; a têmpera é opaca, não podemos ver nada através dela;
- **pintura com cores em barra**: são os pastéis e as ceras. Não são utilizados pincéis, vai diretamente ao papel, a mistura é feita com um esfuminho (utensílio de feltro ou papel num formato de lápis que serve para misturar cores de giz ou pastel);
- **afresco**: pintura feita em paredes ou tetos rebocados enquanto a argamassa ainda está úmida; as tintas usadas são misturadas com água para facilitar a penetração na superfície; quando a argamassa seca, a pintura seca também.

Na escola, podemos variar técnicas, porém o material normalmente fica limitado à tinta guache devido à dificuldade de acesso a outros materiais. Podemos conseguir grandes resultados quando trabalhamos as cores em pigmentos, tornando gratificante o processo e consequentemente a satisfação dos alunos. Uma atividade que pode ser aplicada para alunos de todas as faixas etárias é a "pintura gestual", ou seja, a pintura feita com as mãos.

Jackson Pollock, artista norte-americano (1912-1956), interessou-se por um estilo chamado *pintura de ação* ou *expressionismo abstrato*, em que utilizou novas maneiras de aplicar a tinta na tela. Segundo Gombrich (1999, p. 602), Pollock "Impacientando-se com os métodos convencionais, colocou suas telas no chão e pingou, derramou ou arremessou suas tintas".

A técnica de pintar com as mãos consegue grandes resultados em escolas e até mesmo em clínicas médicas. A professora e pesquisadora da pintura gestual Dulcirene Molleta (2006, p. 59) afirma que "é através do gesto que a criança adquire um equilíbrio das percepções e sensações; os jovens e adultos também deveriam disto se beneficiar". Para a autora, os gestos, como experiências de percepção, tendem a enriquecer a vida da criança, bem como a do adulto. Com essa prática, cada pessoa acaba por estimular o seu próprio interior, possibilitando até uma melhor compreensão pessoal.

> *Não só a pintura a dedo, mas também a com pincéis, lápis de cor, giz de cera; pois, qualquer que seja a forma, pintar é sempre bom. Podemos sugerir a nossos alunos uma pesquisa sobre pigmentos. Eles terão que descobrir suas próprias tintas, aplicando-as num trabalho de pintura. Vale lembrar que podemos fabricar cores com vários elementos (podemos iniciar descobrindo produtos naturais que resultem nas três cores primárias), e o desenho do esboço pode ser feito com carvão. A pintura pode ser dirigida, como um painel pré-histórico, onde as imagens serão limitadas a figuras da natureza, ou pode ser um tema livre, para explorar os pigmentos naturais nas pinturas que desejarem.*

3.3 Gravura

A gravura é a linguagem artística que permite múltiplas reproduções a partir de uma matriz. Cada reprodução é assinada, datada e numerada; não se trata de uma grande escala, como as impressões gráficas, cada trabalho possui uma intervenção do artista e sua edição é restrita. A imagem reproduzida é uma obra de arte, pois acaba se tornando única e, independentemente do número de cópias feitas de uma mesma matriz, ela não perde sua originalidade, sua individualidade.

Cada gravura, depois de impressa, recebe um tratamento especial, bem como uma avaliação do próprio artista. Este faz correções visuais, inclui elementos, dá características particulares à sua obra, e somente depois de a imagem tornar-se agradável no seu ponto de vista é que se define a quantidade de cópias. A numeração normalmente é colocada no canto inferior esquerdo, por exemplo, 2/80. O que significa que, de 80 impressões, trata-se da segunda. Não existe um número determinado para reprodução de gravura, depende da intenção do artista ou da durabilidade da matriz, que, devido ao uso, pode se desgastar.

Sabemos da existência de trabalhos realizados há muito tempo através da impressão em mapas, rótulos, imagens de santos, cartazes de divulgação de espetáculos ou ilustrações de textos antigos. A técnica pode ser também variada, bem como sua aplicação e intenção.

A gravura de Hans Staden apresentada na próxima página é um exemplo de **xilogravura** (gravura em madeira) com impressão em uma cor. Veremos, a seguir, outros tipos de gravura, pois dependendo da matriz é que o desenvolvimento do trabalho é conduzido, sendo que cada técnica recebe um nome específico.

à direita:
Xilogravura constante do livro *Viagem ao Brasil*, Hans Staden, 1556.

roua cabi

3.3.1 Tipos de gravura

Apesar de sempre utilizar a impressão, a gravura possui modalidades bem diversas, variando sua técnica de acordo com o material empregado. Citaremos algumas possibilidades, deixando claro que para aplicação em sala de aula, nem todas são aconselháveis, pois em algumas são utilizados produtos químicos.

~ **Monotipia**: a reprodução pode ser feita em papel, couro ou outros materiais, porém é única, partindo a impressão de uma placa de vidro com a tinta ainda fresca.

~ **Gravura em metal**: essa é bem antiga. Consiste em gravar uma imagem sobre uma placa de metal, pode ser: **ponta-seca**, em que o desenho é feito com uma ponta aguçada; **água-forte,** é feito com estilete sobre o metal coberto por verniz, havendo corrosão com a aplicação de ácido; **água-tinta** é parecida com a água-forte, porém com controle de corrosão por parte do artista.

~ **Litografia**: partindo do princípio de que a água não se mistura com o óleo, o processo de gravação acontece sobre uma superfície porosa (pedra litográfica), e o desenho é feito com um material oleoso. O artista isola as áreas que continuaram sem desenho com ácido e goma-arábica, impedindo, assim, que a pedra entre no processo de corrosão. Em seguida, o desenho é umedecido com a água que é absorvida apenas pela área que não foi desenhada com gordura. A tinta é aplicada na pedra pronta com o auxílio de um rolo de borracha, fixando-se apenas nas áreas gordurosas, e não nas umedecidas. Finalmente, a reprodução é feita com uma prensa que apertará o papel sobre a pedra.

~ **Xilogravura**: é uma forma de gravura também antiga, conhecida como gravura em relevo. A imagem é desenhada e entalhada sobre uma placa de madeira, as partes em relevo são cobertas de tinta e friccionando uma folha de papel sobre a matriz resulta a impressão (Santiago, 1977).

- **Linoleogravura**: bem parecida com a xilogravura, no entanto na linoleogravura o entalhe da matriz não é de madeira, e sim, de um material sintético, uma borracha chamada linóleo. O processo seguinte é o mesmo da xilogravura. É uma técnica bem acessível para se trabalhar em sala de aula.
- **Serigrafia**: é um meio de impressão muito comum em tecidos, madeiras, vidros, plásticos ou mesmo metais. Pode ser aplicada comercialmente em grande escala ou num trabalho diferenciado, como obra de arte. Consiste em desenhar uma imagem em nanquim sobre um papel vegetal e depois transpassar em uma tela de náilon, obtendo-se o filme que servirá para gravar a matriz. Esse processo assemelha-se ao da fotografia.

O elemento visual **textura** é de grande importância no trabalho de gravura, (o que distingue a gravura é a reprodução), pois é através da textura de uma base (matriz) que conseguimos a reprodução do material. É importante deixar claro que a textura também é utilizada na maioria das manifestações das artes visuais e nem sempre possui características táteis, às vezes uma textura pode ser reconhecida apenas visualmente. Segundo Dondis (1997, p. 70), "é possível que uma textura não apresente qualidades táteis, mas apenas ópticas, como no caso das linhas de uma página impressa, dos padrões de um determinado tecido ou dos traços superpostos de um esboço".

A textura pode ser identificada em uma pintura, por exemplo, pela maneira como o artista trabalha com o pincel, deixando visível ou tátil a espessura da tinta. Ela também pode, muitas vezes, em uma superfície macia e lisa, nos causar a sensação de rugosidade, como acontece nos tecidos que imitam peles de animais.

Se a gravura pressupõe uma matriz a partir da qual tiramos muitas cópias, o professor em sala de aula pode utilizar como matriz uma placa de isopor. Para fazer uma gravura usando uma matriz de isopor, procedemos da seguinte maneira:

> ~ a placa de isopor é gravada com materiais comuns, como: lápis, caneta ou ponta do pincel;
> ~ na sequência, o processo é o mesmo da xilogravura;
> ~ com um rolo de pintar, espalhamos a tinta;
> ~ em seguida, pressionamos o papel sobre a matriz.
>
> É importante verificar se na região existe algum artista gravador ou alguma gráfica que trabalhe com a técnica da serigrafia, **para que os alunos conheçam**, pois esse contato com a situação vivencial, a realidade, é muito proveitoso antes do exercício prático.

3.4 Escultura

Na linguagem visual, sabemos que é necessário um olhar atento para que possamos "ler" as imagens, porém, a escultura, uma manifestação das artes visuais, pode ser percebida e entendida até com os olhos fechados. Contrariamente ao pintor, que trabalha sobre o plano, o escultor utiliza três dimensões, ou seja, é possível observar e até mesmo tocar todos os lados da obra, consequentemente permite à obra ganhar seu espaço.

Sobre isso, podemos ainda dizer que "a essência da escultura consiste no fato de ser construída com materiais sólidos e existir três dimensões. A maioria das outras formas de arte visual – pintura, desenho, artes gráficas, fotografia, cinema – apenas sugere as três dimensões através de uma utilização extremamente sofisticada da perspectiva e da luz e sombra do claro-escuro" (Dondis, 1997, p. 189).

Esse trecho, com tais afirmações, nos faz refletir sobre a escultura; pois, sabemos que, hoje, esculturas fogem de certos padrões e nem sempre são construídas com materiais sólidos, sendo que, na contemporaneidade, a escultura é inclusive elaborada com materiais líquidos ou moles.

A palavra escultura vem de *sculpere*, que significa *entalhar*; porém, para esculpir, não precisamos necessariamente só do trabalho de entalhe, existem outros materiais que podem ser esculpidos com as mãos, por exemplo. É uma das mais antigas manifestações artísticas; sabemos da existência de pequenas estatuetas de figuras femininas esculpidas há 30 mil anos, na qual sobressaem os seios e o ventre, representando a procriação, portanto, a sobrevivência da espécie. Como podemos observar na famosa estátua de *Vênus de Willendorf* (feita cerca de 20.000 a.C. e com 10,45 cm de altura), encontrada na Áustria, que foi criada em pedra calcária, com ferramentas de pedra pontiaguda (Agullol, 1996).

3.4.1 A evolução da escultura

A escultura foi utilizada para confeccionar objetos religiosos, como as estatuetas egípcias deixadas junto aos túmulos. Os egípcios desenvolveram também um processo de representação estatuária que permitia preservar a imagem do faraó ou de nobres importantes após a morte, ou mesmo em utensílios domésticos feitos de cerâmica, normalmente vasos. Vasos esculpidos e ornados com motivos geométricos e faixas decorativas em sua superfície são também característicos da arte na Grécia; aliás, os deuses gregos e romanos são os grandes exemplos de escultura da Antiguidade, pois, quando falamos em Grécia e Roma, logo vem a nossa memória imagens (estátuas) de deuses e heróis.

Podemos ainda dizer que a escultura é a forma de expressão artística (no sentido humanista) que melhor representa o Renascimento. É o momento em que a escultura ganha independência, e a obra é colocada sobre uma base, podendo ser apreciada de todos os ângulos, onde a expressão corporal garante o equilíbrio, revelando uma figura de músculos torneados e de proporções perfeitas. Segundo Dondis (1997, p. 193), "mesmo nas tendências mais experimentais, as

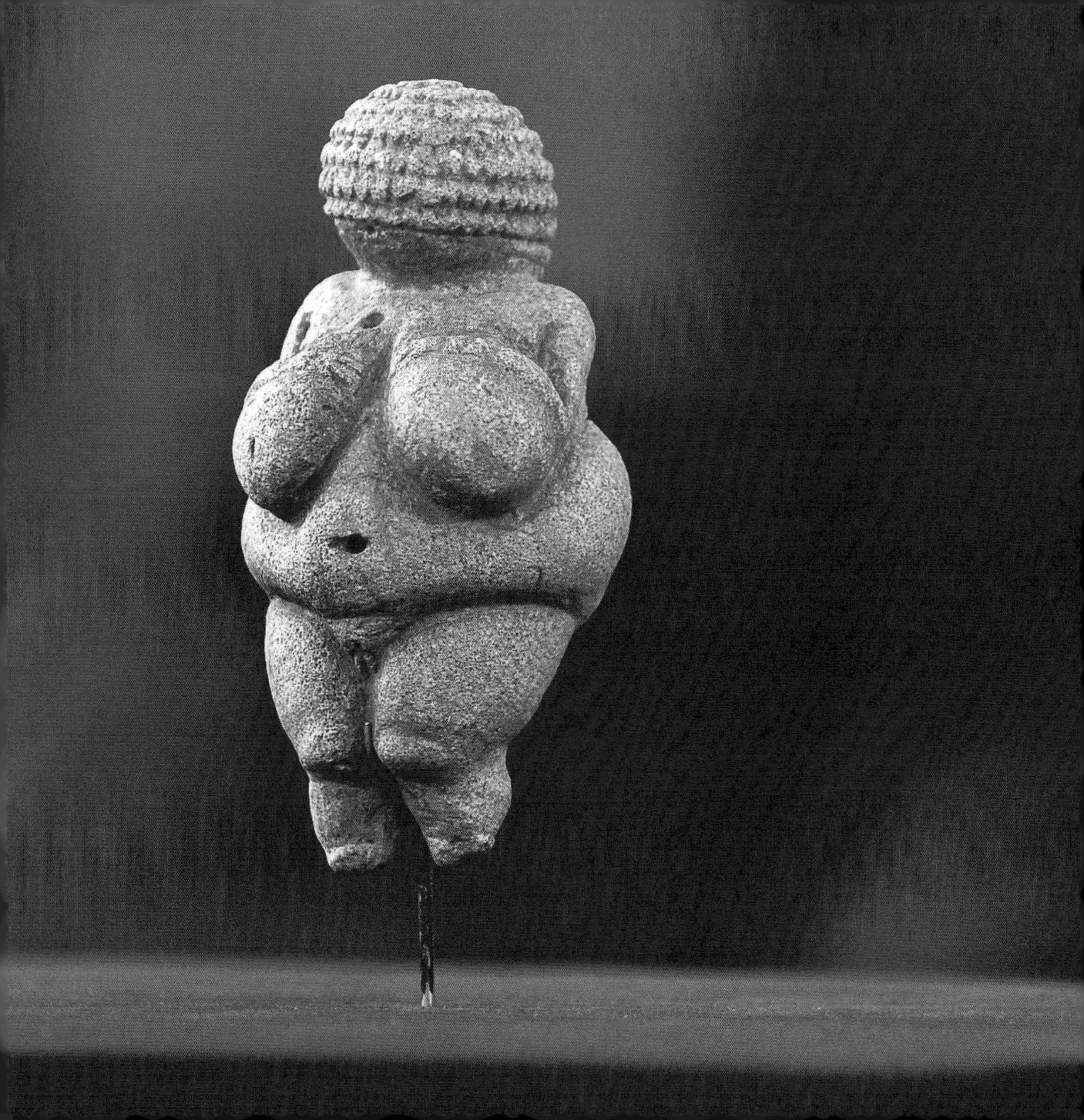

obras modernas conservam o caráter essencial dessa forma artística: a dimensão que pode ser vista e tocada. A escultura tem de existir no espaço".

Durante toda a História, o homem pesquisou e utilizou as mais variadas matérias disponíveis, como: barro, ferro, bronze, ossos de animais, mármore, gesso, resina, pedra, cera, prata, ouro, marfim, madeira, cimento, papel, cola, concreto. Enfim, tudo foi válido para as mais incríveis experiências tridimensionais.

A escultura, até recentemente, era figurativa e representativa, uma fiel reprodução da realidade. No século XX, período de ampliação de conquistas técnicas, devido ao progresso industrial iniciado no século anterior, houve uma mudança brusca de conceitos, e as esculturas foram criadas sem representar a forma real, possibilitando o manuseio ou a modificação do trabalho do artista pelo público. Assim, com essa intenção, alguns artistas escultores fazem trabalhos de montagens, de maneira maleável, com o propósito de possibilitar a interferência do observador.

Obviamente, concordamos que a escultura deve ser vista e também sentida pelo observador, porém devemos ter cuidado, pois ainda existem algumas esculturas (em museus) que não possibilitam o tato. No entanto, embora não possamos classificar conceitos absolutos, é comum o fato de que, modernamente, as esculturas são mais propensas ao toque e à participação do público.

Não é só no museu que a escultura contemporânea ganha espaço, existem verdadeiras obras de arte expostas em pleno ar livre, sujeitas às transformações do tempo, como a ferrugem que atinge o metal. Segundo alguns artistas, o efeito posterior à exposição, às variações climáticas e ao decurso de tempo é inteiramente esperado e proposital. Já outros artistas, como Frans Krajcberg, têm sua inspiração em galhos e troncos retorcidos ou queimados dos mangues, ou seja, eles esperam o efeito da natureza acontecer para depois fazerem a obra.

Frans Krajcberg é um artista polonês (1921) – escultor, pintor, gravador e fotógrafo – sobrevivente da Segunda Guerra Mundial. Viveu na Alemanha depois

à esquerda:
Vênus de Willendorf, descoberta em 1908. Idade aproximada de 22 a 24 mil anos.

do conflito, emigrando em 1948 para o Brasil. Suas obras são carregadas de uma bagagem intensa e de extrema preocupação com a vida.*

Aliás, a obra de Krajcberg extrapola a ideia do efeito natural e nos faz refletir sobre a existência e também sobre o meio, traz discussões bem relevantes para a sociedade contemporânea. Seu trabalho, bem como suas palavras, nos fazem pensar: "Com minha obra, exprimo a consciência revoltada do planeta" (Dondis, 1997, p. 194).

> Sabemos que entre modelar e esculpir há diferenças. Ao modelar, vamos colocando matéria e formando o volume desejado. Ao esculpir, retiramos matéria, pois a obra já está lá dentro da pedra ou da madeira. Também na modelagem, se errarmos, podemos substituir a matéria por outra; já na escultura, se errarmos, corremos o risco de perder o trabalho.
>
> Na escola, quando trabalhamos com nossos alunos, podemos até mostrar a diferença, mas não vem ao caso saber se estamos esculpindo ou modelando, o importante é encarar a escultura ou a modelagem como uma manifestação das artes visuais, uma maneira de representar volumes e imagens tridimensionais. E, para isso, podemos abusar dos mais variados e acessíveis materiais, como sabão, papel e giz. Nesse contexto, conhecer os artistas da região é uma atividade deslumbrante para os alunos, principalmente se tiverem a oportunidade de ver um escultor executando uma obra.

3.5 Arquitetura

Outra maneira de manifestarmos algo em três dimensões é através da arquitetura. Essa expressão artística está presente em nosso cotidiano, faz parte da nossa vida e tem por finalidade a proteção do ser humano.

---

* Para conhecer um pouco mais sobre a vida e a obra de Krajcberg, ver FRANS KRAJCBERG, 2008.

Como muitas outras manifestações artísticas, a arquitetura também acompanha a evolução desde os primórdios da civilização, quando começaram a construir monumentos com pedras sem a intenção primária de habitação, porém já havia uma preocupação, e era a de criar construções que serviriam de câmaras mortuárias ou templos.

Os egípcios criaram uma arquitetura que se encaixa entre as obras mais famosas do mundo, entre elas, as pirâmides do deserto de Gizé são apenas um exemplo das construções que esse povo foi capaz de desenvolver.

Os gregos, por sua vez, destacaram-se com seus templos misteriosos e colunas extremamente reforçadas, que posteriormente ganharam uma nova estética com os acréscimos, adaptações e arcos romanos.

Com o cristianismo, as construções centraram-se na edificação de igrejas, transformando a arquitetura não só em uma expressão artística com a função de abrigo, mas em uma manifestação extremamente visual e rebuscada com características de "poder", intenção esta já presente nas obras desenvolvidas pelos gregos.

Sobre essa evolução, no que se refere à finalidade das construções, segundo Dondis (1997, p. 165),

> *À medida que as culturas se tornaram mais desenvolvidas, a arte e a técnica da construção passaram a servir também às atividades e aos interesses do homem: a sua religião, com igrejas, santuários e monumentos; a seu governo, com edifícios administrativos, câmaras legislativas e palácios de justiça; a seu lazer, com teatros, auditórios, ginásios de esporte e museus; a seu bem-estar e sua educação, com hospitais, escolas, universidades e bibliotecas.*

Portanto, com a evolução das culturas, a arquitetura também se desenvolveu. Construções que em outras épocas serviam apenas de abrigo e de proteção passam a ser tratadas como obras de arte, outras, trazem a responsabilidade dos mais variados interesses humanos, servindo a públicos diversificados e a finalidades ainda mais distintas.

Com o avanço tecnológico do início do século XX, a arquitetura passou a não repetir o estilo clássico e a não utilizar características de decoração. Aparecem construções com vidro e uma explícita simplificação da forma. Atualmente, outras formas de expressão e novos estilos estão surgindo, adequando-se ao cotidiano e às necessidades do homem. Segundo Dondis (1997, p. 197), o arquiteto "deve ser um artista que conheça os elementos, as técnicas e os estilos das artes visuais, e consiga combinar a forma e a função, para atingir os efeitos pretendidos".

A imagem que observaremos, a seguir, é de uma construção do arquiteto Oscar Niemeyer (1907). Um artista que podemos enquadrar dentro das qualificações sugeridas por Dondis.

> *Brasileiro, nascido no Rio de Janeiro, Oscar Niemeyer é considerado o mais importante arquiteto de nosso país, possui uma imensa produção arquitetônica espalhada pelo Brasil e pelo mundo. Trabalhando em parceria com Lucio Costa, construiu os mais importantes monumentos de Brasília, dentre eles a catedral da foto que apresentamos na próxima página. Em Curitiba, é responsável pelo projeto do "Museu do Olho" (oficialmente o museu leva o seu nome).*

O processo arquitetônico acompanhou a evolução das culturas e civilizações, e não podemos dizer que tenha chegado à reta final. A cada dia, novas ideias são propostas para estruturar, projetar, construir, planejar e procurar meios e subsídios para conseguir dois desafios: tornar a obra funcional e ao mesmo tempo agradar esteticamente o olhar, pois ela estará constantemente exposta.

à direita:
Catedral Metropolitana Nossa Senhora de Aparecida. Obra de Oscar Niemeyer, inaugurada em 1970.

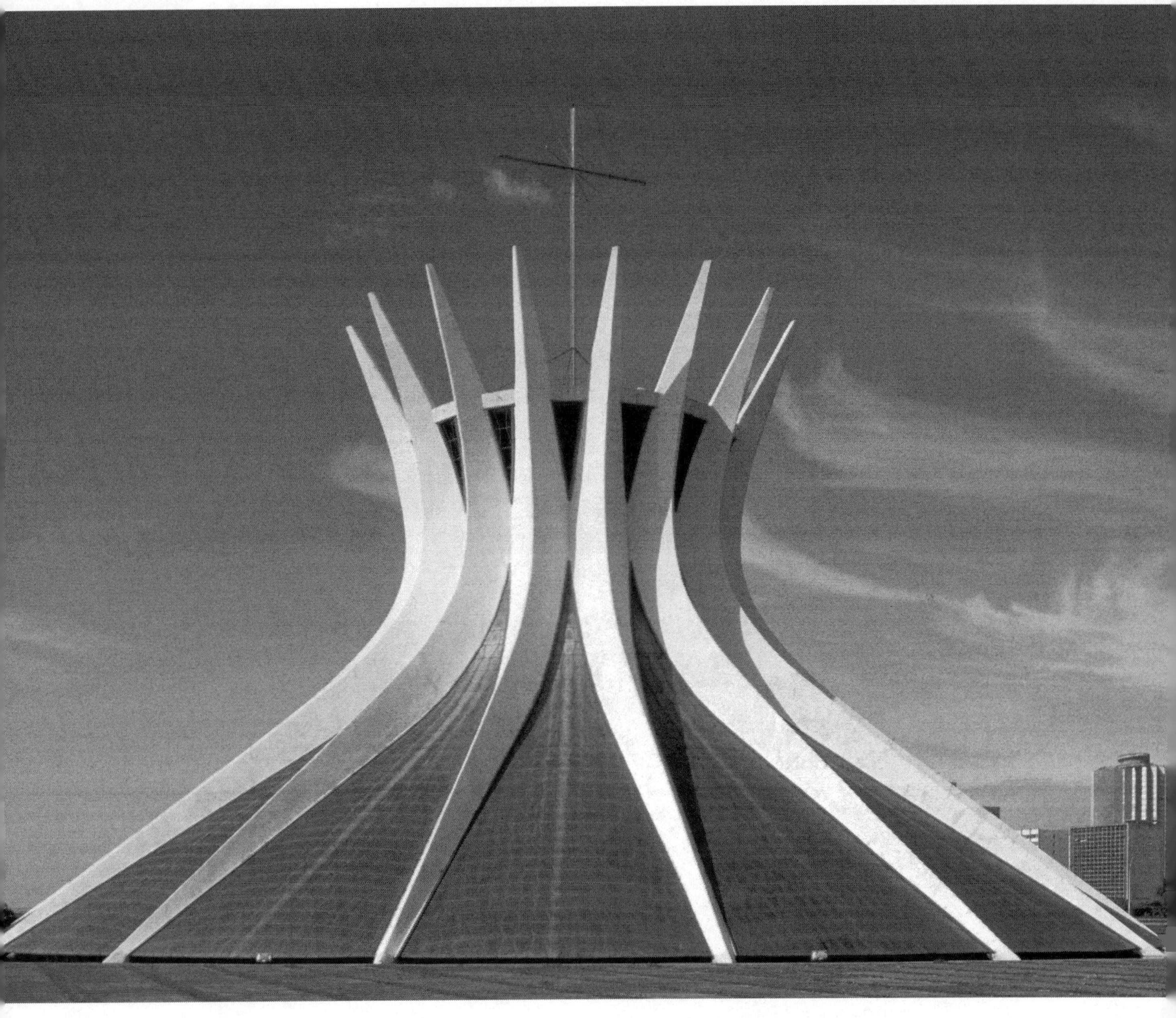

Sabemos que a arquitetura se desenvolveu adaptando-se às necessidades e às diferentes culturas. Assim, uma atividade interessante pode ser uma pesquisa sobre a evolução da arquitetura em diferentes períodos e países, suas principais características e principalmente as fachadas. Como, por exemplo, um prédio neoclássico e um barroco.

Com esse propósito, dar um passeio com os alunos, mesmo que ao redor da escola, para observar as construções próximas, os prédios residenciais e comerciais, também é uma atividade interessante. A partir da observação das fachadas, aliada a desenhos de observação, o professor pode chamar a atenção para as diferenças entre uma construção e outra, sua função etc. Pode também aproveitar o recurso da fotografia – tirar fotos de diferentes ângulos – para ampliar posteriormente o trabalho sobre as características da arquitetura local em sala de aula.

Aliás, a fotografia é um recurso que pode ser utilizado em vários momentos nas aulas de arte, bem como em outras disciplinas. A fotografia não é apenas o resultado do desenvolvimento tecnológico de sofisticados equipamentos eletrônicos. Além da utilização de determinadas técnicas para codificar em imagens o mundo pessoal do fotógrafo, a **foto arte***, por exemplo, exprime o sentimento do fotógrafo sobre a natureza, as pessoas e o mundo que o cerca.*

3.6 Fotografia: uma breve história

Forte manifestação da linguagem visual e mais que uma invenção tecnológica, a fotografia surgiu como uma grande descoberta, consolidada entre as décadas de 1820 e 1830, porém, na Antiguidade, houve uma prévia utilização da câmara obscura, um compartimento escuro com apenas um pequeno orifício em uma parede, onde se projetava uma imagem invertida da vista exterior sobre a parede oposta; mas ainda não se sabia como fixar as imagens produzidas pela luz na câmara obscura. Assim, o fenômeno era utilizado apenas como apoio nos trabalhos de desenhistas e pintores.

Graça Proença (1994, p. 3) afirmou, em 1994, que a primeira fotografia foi realizada por Joseph Nicéphore Niepce (1765-1833) por volta de 1826, porém, Janson afirmara, em 1992, que Niepce obteve uma verdadeira fotografia, ou seja, uma imagem imutável produzida pela ação da luz, em 1822.

Niepce aplicou um processo que denominou **heliográfico,** utilizando, como substância sensível à luz, um verniz de asfalto aplicado sobre vidro e uma mistura de óleos para fixar a imagem, obtendo, assim, uma imagem de utensílios e de talheres em uma mesa. Mas a ideia não era muito prática, exigia uma exposição na câmara obscura de no mínimo 12 horas.

Segundo Proença (1994, p. 3), o primeiro método prático de fotografia foi apresentado na Academia de Ciências de Paris, em 19 de agosto de 1839*. Ficou conhecido como *daguerreótipo*, nome derivado do seu criador, o francês, pintor e desenhista de cenários para peças de teatro, Louis-Jacques Mandé Daguerre (1787-1851).

O procedimento do método resultava numa imagem de alta definição invertida, como em um espelho, porém, a daguerreotipia não pôde inicialmente ser utilizada na produção de retratos, isso porque o tempo de exposição era de 15 a 20 minutos. O retrato era o maior desejo dos fotógrafos, porém, com a impossibilidade de captar um objeto em movimento, os temas fotográficos da época eram as naturezas mortas, arquiteturas e grandes paisagens.

Para algumas pessoas, a vontade de possuir o próprio retrato era mais forte que o sacrifício, portanto sujeitavam-se a um tempo de extrema tortura para obtê-lo. Dois anos depois, em 1841, com apenas 5 minutos de pose era possível obter uma fotografia e, no final da década de 1840, com aperfeiçoamentos, o tempo foi reduzindo e chegou a aproximadamente 40 segundos para obter uma imagem. Nascia a fotografia, um objeto técnico capaz de reproduzir o mundo. A

* 19 de agosto de 1839 é a data oficial do nascimento da fotografia.

arte de retratar a imagem de uma pessoa estava cada vez mais acessível e atingia um público que aumentava a cada dia.

Nos dias atuais, a fotografia é considerada algo tão comum que, muitas vezes, não percebemos a sua grandeza e nem a emoção que possivelmente deve ter causado aos primeiros fotógrafos, a timidez que os modelos sentiram ao posar para um retrato, o espanto que deve ter provocado nas pessoas que o olharam, pois, os primeiros daguerreótipos possuíam uma nitidez surpreendente. Podemos confirmar essa condição pelas palavras de Walter Benjamin (1985, p. 95): "As pessoas não ousavam a princípio olhar por muito tempo as primeiras imagens produzidas. A nitidez dessas fisionomias assustava, e tinha-se a impressão de que os pequenos rostos humanos que apareciam na imagem eram capazes de nos ver, tão surpreendente era para todos a nitidez insólita dos primeiros daguerreótipos".

Apesar de fazer parte do cotidiano, e não mais nos assustarmos com imagens de rostos tão nítidos, ainda temos pela imagem fotográfica um certo respeito. É como se realmente a imagem nos olhasse. Não temos certas atitudes perante algumas imagens, ou seja, mesmo sabendo que se trata de um papel e não de uma pessoa real, não dispomos da fotografia de um ente querido. O mesmo acontece quando guardamos fotos de jornais ou revistas de pessoas que muitas vezes nem conhecemos pessoalmente, é o grande poder da imagem visual.

3.6.1 Os fotógrafos e os artistas

O surgimento da máquina fotográfica portátil e da foto instantânea, segundo Gombrich, aconteceu mais ou menos na mesma época em que houve a acensão da pintura impressionista. Por esse motivo, muitos artistas perderam muitos de seus trabalhos para os fotógrafos, a máquina fotográfica era uma novidade e uma questão de *status*; era, portanto, mais interessante para as pessoas serem retratadas por um fotógrafo do que serem pintadas pelos pintores.

A fotografia no século XIX estava prestes a assumir essa função da arte pictórica. Foi um golpe na posição dos artistas, tão sério quanto a abolição das imagens religiosas pelo protestantismo. Antes dessa invenção, quase toda pessoa que se prezava devia posar para seu retrato, pelo menos uma vez na vida. Agora, as pessoas raramente se sujeitavam a esse incômodo, a menos que quisessem obsequiar ou ajudar um pintor amigo. Por causa disso, os artistas viram-se cada vez mais compelidos a explorar regiões onde a máquina fotográfica não podia substituí-los. De fato, a arte moderna dificilmente se converteria no que é sem o impacto da invenção da fotografia. (Gombrich, 1999, p. 524)

Além disso, os pintores até então trabalhavam em seus estúdios, enquanto os fotógrafos iam para a rua, abordavam pessoas e consequentemente trabalhavam muito mais. É sabido até que alguns pintores sujeitaram-se a colorir fotografias, para manter suas famílias, outros, porém, mais ousados, resolveram sair de seus ateliês de espaço organizado e de iluminação planejada (através de janelas) para captar a luz solar como os fotógrafos faziam. A invenção da fotografia tirou a obrigação do artista de fazer o registro social, dando a ele uma liberdade enorme de criação.

Trabalhar a imagem fotográfica com os alunos é sempre gratificante, é um universo muito próximo a eles, e uma atividade sempre bem-vinda. Podemos começar confeccionando a foto em latinha, captando a luz externa. No endereço da "Revista Nova Escola" (http://novaescola.abril.com.br/index.htm?ed/170_mar04/html/faca), há uma explicação bem detalhada de como executar essa ação. Outra atividade interessante é fazerem uma pesquisa histórica sobre a cidade, a escola ou mesmo a família. Se conseguirem recolher fotos antigas, uma exposição pode ser montada. Conversar com fotógrafos da região é também uma boa ideia, e, se for possível os alunos presenciarem uma revelação em quarto escuro, a atividade será fechada com "chave de ouro".

3.7 O cinema: a sétima arte

O cinema firmou-se como a "arte do século XX", criando uma linguagem própria: Atenção! Luz, câmera... ação!

Todos reconhecemos essas expressões. Lançaremos agora nosso olhar sobre a imagem da sétima arte, o **cinema**. Sabemos que, desde as cavernas, o homem procurou reproduzir o movimento da vida nas imagens de pessoas e de animais deixadas nas rochas. No entanto, podemos até partir da ideia de que o cinema é algo novo, quando falamos em linguagem da imagem em movimento, linguagem esta que provoca no espectador sensações e emoções, refletindo o homem moderno e mostrando claramente sua maneira de compreender o mundo.

> Mas nada revela mais claramente as violentas tensões do nosso tempo que o fato de que essa dominante tátil prevalece no próprio universo da ótica. É justamente o que acontece no cinema, através do choque de suas seqüências de imagens. O cinema se revela assim, também desse ponto de vista, o objeto atualmente mais importante daquela ciência da percepção que os gregos chamavam de estética. (Benjamin, 1996, p. 194)

O cinema revela a vida do homem atual, suas angústias, sonhos e principalmente acompanha a velocidade de seu tempo. Esse choque de sequências de imagens, a que se refere o autor, acontece constantemente na vida real. As imagens estão cada vez mais fazendo parte do cotidiano das pessoas, e o cinema reproduz isso com perfeição.

3.7.1 Então, nasce o cinema

O termo cinema derivou da palavra grega *kinema* (movimento), que podemos entender como "imagens em movimento", ou seja, um conjunto de fotografias diferentes projetadas de forma rápida numa ilusão óptica, dando a sensação de movimento contínuo.

A descoberta do fenômeno de persistência da visão ocorreu no século XIX. Para sabermos como isso tudo aconteceu, não podemos esquecer da contribuição de Daguerre (como vimos no texto sobre a fotografia) e de suas experimentações fotográficas de pessoas e de objetos em movimento; tampouco, do fotógrafo inglês Eadweard Muybridge, que inventou o *zoogyroscope*, aparelho que projetava num *ecran* (uma tela) uma sequência de 12 imagens pintadas num disco de vidro.

Mais tarde, descobertas, como: a eletricidade e as lâmpadas incandescentes (que contribuíram para aperfeiçoamentos nos projetores); bem como a base da película cinematográfica com a invenção do celuloide por John Wesley, em 1869. Posteriormente, com as experiências de Thomas Edison e dos irmãos Lumière, foi possível o movimento da fotografia através do fenômeno da persistência da visão. Com os irmãos Louis e August Lumière, a linguagem do cinema foi adquirindo maior consistência e criando um meio de expressão que viria a caracterizar a maior invenção já produzida chamada *arte*. Em 28 de dezembro de 1895, os irmãos Lumière fizeram a primeira exibição pública de filmes, data considerada como a do nascimento do cinema.

Sobre esse período, Dondis (1997, p. 217) informa que "as etapas experimentais desse novo meio contavam com limitações extrínsecas (ausência de cor, som e mobilidade da câmara), que ampliaram os conhecimentos básicos dos cineastas. Os gestos exagerados e a mímica compensavam a impossibilidade dos diálogos".

Nomes de atores começaram a aparecer, e o grande Chaplin, eternamente maravilhoso, fez da comédia-pastelão a atração máxima, trazendo milhares de curiosos à frente do telão, e, assim, permitiu a todos sentirem de perto os sonhos reais da vida. Apareceram os mitos, e o espectador passou a ter a visão do herói, do vilão etc. A indústria foi crescendo e superando dificuldades pelo caminho, o público, cada vez mais sedento, esperava por novidades. Os filmes de longa metragem surgiram, e, com eles, mais nomes importantes: "As estrelas cinematográficas". Nessa trajetória, aos poucos adaptaram o som e, posteriormente, a cor; tecnologias estas que não param de se superar a cada dia. No mundo contemporâneo, a cada nova estreia, os filmes trazem novidades, novos efeitos sonoros e visuais, fotografias, cenários, atores. Enfim, vale tudo nessa tela mágica de embalar os sonhos.

Nesse aspecto, concordamos com Dondis (1997, p. 218), quando diz que "o cinema certamente pode fazer muito mais do que apenas reproduzir com fidelidade a experiência visual humana. Pode transmitir informações, e fazê-lo com grande realismo. Também pode contar histórias, e encerrar o tempo em uma convenção que lhe é própria e exclusiva".

O cinema, além de estimular os sonhos, produz espectadores formadores de opinião. Ele tem papel formador e transformador de estéticas vigentes, isso desde 1920 até os dias atuais. Uma imensa e luminosa vitrine: o cinema propaga não só produtos, mas, principalmente, novos comportamentos.

> *Uma investigação possível de ser realizada com os alunos é procurar saber a função de uma equipe cinematográfica, para tentar entender o trabalho do(a):* **diretor, ator, figurinista, fotógrafo, iluminador, maquilador, montador, produtor, roteirista** *etc. Com esse mesmo propósito, uma pequena dramatização pode ser montada (onde cada aluno exercerá uma função) ou, ainda, variadas apresentações podem ser feitas. Entre elas, as de linguagens gestual, sonora, gráfica, visual ou de linguagens simultâneas. Também é possível filmar uma breve cena ou algo mais elaborado.*

Nosso próximo assunto é a televisão. Segundo Dondis (1997, p. 219), "a televisão, um meio eletrônico dividido entre a utilização da câmara ao vivo e os filmes, e que no início parecia representar uma grande ameaça à sobrevivência do cinema, tem na verdade contribuído muito para difundir junto ao público a consciência do que é o cinema". Ao contrário do que se imaginava, a televisão não tomou o lugar do cinema e, sim, transformou-se em veículo de divulgação para o cinema.

3.8 A televisão

O desenvolvimento da tecnologia, a descoberta da fotografia e do cinema, bem como a reprodução da realidade através dos recursos da luz, acabaram por intensificar ainda mais o anseio por representar, registrar. Aquela velha necessidade de deixar marcada sua imagem. Assim, o mesmo sentimento que atormentara o homem desde a Pré-História continuou deixando-o impaciente e sempre à busca de novos recursos, contribuindo, dessa maneira, para o avanço da humanidade. E, quando muitos chegaram a pensar que nada mais poderia aparecer de novidade, depois da grande emoção do cinema, eis que surge, então, a televisão. Um aparelho que invadiu, quase instantaneamente, os lares com tamanha força e poder de realidade, influenciando opiniões e modificando o comportamento das pessoas, e que sem demora se tornou o melhor meio de transmissão de informação.

3.8.1 Televisão: uma breve história

Fruto do trabalho de cientistas, físicos e matemáticos, a televisão surgiu da necessidade de transmitir imagens a distância. Essa história se iniciou quando Alexander Bain descobriu as transmissões telegráficas das imagens (*fax*); Julius Elster e Hans Getiel inventaram a célula fotoelétrica e Arbwehnelt desenvolveu um sistema de televisão através de raios catódicos. Foi o inglês John Logie Baird, em 1920, quem realizou as primeiras transmissões, porém, a primeira emissão oficial de televisão aconteceu na Alemanha, em 1935.

Sobre essa etapa de progresso sucessivo da evolução tecnológica, envolvendo o surgimento e a expansão da televisão, Dondis (1997, p. 222) afirma que

Cada um desses passos foi lento e vacilante, e todos envolveram contribuições de inúmeros indivíduos. Uma programação ainda limitada teve início no final dos anos 30 e primórdios dos anos 40, mas a verdadeira televisão, capaz de formar redes de transmissão, só veio a desenvolver-se depois da Segunda Guerra Mundial. [...] Em termos elementares, a principal diferença entre a televisão e o cinema é a escala. Todos os outros elementos visuais são os mesmos.

No que diz respeito ao cenário brasileiro, temos conhecimento de que a primeira transmissão de televisão em circuito fechado aconteceu no ano de 1939 na cidade do Rio de Janeiro. No entanto, foi nos anos da década de 1950 que a história da televisão de nosso país realmente começou. Assis Chateaubriand, em 1948, comprou os equipamentos nos Estados Unidos, os quais chegaram ao Brasil dois anos depois. Surgiu, assim, a **TV Tupi Difusora**, cuja inauguração oficial deu-se no dia 18 de setembro de 1950.

A princípio tudo era muito precário, e vários problemas tiveram de ser enfrentados. Afinal, tudo era novo, as gravações eram ao vivo e em preto e branco; os funcionários, que até então trabalhavam no rádio, tiveram muitas dificuldades para se adaptarem ao novo sistema. Foi nessas condições que, aos poucos, surgiu o processo de videoteipe (*videotape*), e os comerciais passaram a ser gravados, o que diminuiu o drama da improvisação. Em 1963, chegaram as primeiras televisões coloridas, importadas dos Estados Unidos (em pleno período de ditadura no Brasil), e apareceram as primeiras novelas. Em 26 de abril de 1965, foi inaugurada a TV Globo, no Rio de Janeiro.

3.8.2 A televisão em sala de aula

Nossos alunos, em suas casas, recebem grande volume de informações através da TV, e a escola não pode ignorar esse importante meio de comunicação. Aliás, embora seja possível ler uma imagem da televisão com várias abordagens, tornando a apreciação muito rica, em sala de aula, a exploração da imagem televisiva ainda é bem pequena, e, quando a TV é usada, são passados filmes que muitas vezes nem são explorados didaticamente.

Afirma Kerry Freedman (2003) que os professores devem compreender que a melhor maneira de trabalhar com as artes visuais é conhecendo as diferentes culturas, fazendo conexões com elas. Nossos alunos têm acesso diário à mídia, à televisão, bem como aos jogos de computadores e ao cinema; e todos esses meios devem ser aproveitados, pois fazem parte da cultura visual dos educandos. Além do mais, nossos alunos não fazem ideia de que tudo o que eles veem atrás da tela é irreal. Todas as cenas produzidas em um filme, por exemplo, só podem ser realizadas por causa do trabalho de muitos profissionais, incluindo inúmeros artistas, como desenhistas, escultores, fotógrafos, cineastas, entre outros.

Esse conhecimento dos estudantes em relação aos profissionais que atuam nos bastidores e/ou sob as luzes dos programas ou filmes, para Brent Wilson e Marjorie Wilson (1977), acaba por gerar aprendizagem, pois possibilita uma variedade de informação visual (que adquirem dentro e fora da escola), possibilitando mundos visuais a partir de diferentes fontes culturais, e, com isso, podem tornar-se mais criativos em seus trabalhos artísticos.

A leitura de imagem televisiva deve ser feita por professores e alunos para que haja um entendimento, ou seja, uma alfabetização visual. A linguagem da televisão, bem como a leitura das imagens, permite uma diversidade de observações que possibilitam desenvolver as habilidades de interpretar, ver, classificar como boa ou ruim a qualidade dos meios de comunicação e até possivelmente, selecionar melhor os programas antes de assisti-los.

Afirma Patricia Greenfield (1988, p. 82), em seu livro *O Desenvolvimento do Raciocínio na Era Eletrônica*, que

> *A televisão deveria ser mais usada nas escolas para transmitir informações. Mas deveria ser usada com discussões em classe dirigidas pelo professor. A capacidade de as crianças entenderem o que assistiram na televisão pode depender do diálogo professor-aluno que acompanha a apresentação. Como a palavra escrita, a televisão e o cinema não são substitutos para a interação humana, mas devem ser combinados a ela e fortalecidos por ela.*

A educação não pode ficar de fora, precisamos preparar a criança para decodificar as imagens, sejam elas fixas ou em movimento. Necessitamos, portanto, conhecer e explorar mais esse recurso tão comum, no entanto, ao mesmo tempo um desconhecido para muitos.

Síntese

A linguagem visual compreende várias categorias de expressão. Nos atos de desenhar, pintar, fotografar, criar uma escultura, uma cena ou uma imagem qualquer estão implícitos processos de organização de espaço, de composição de planos e de definição de formas. Nesse universo múltiplo, ao produzir artisticamente ou observar uma imagem, podemos perceber os elementos visuais independentemente da técnica ou do recurso tecnológico utilizado.

O fato é que não importa qual é o recurso, tecnológico ou manual, pois diversas são as possibilidades de expressão visual. O necessário é que saibamos explorar ao máximo todas as maneiras de aproveitar a arte, permitindo que nossos olhos vejam, sintam e leiam com a visão, a mente e o coração. Segundo Freedman (2003), "Uma coisa é certa: o animal humano é um criador de imagens, e, seja como for que esse fato se manifeste, sejam quais forem os meios de comunicação usados e as finalidades pretendidas, nunca deixará de sê-lo".

Indicações culturais

Filmes

POLLOCK. Direção: Ed Harris. Produção: Fred Berner, Ed Harris e John Kilik. EUA: Sony Pictures Classics, 2000. 132 min.

> *O filme "Pollock" conta a história de um pintor americano, mostrando sua trajetória da fama à decadência. Relata a história desse artista impulsivo, ousado, agressivo, características fortes que o levaram à autodestruição. Sua arte e sua vida marcaram de forma única a história do Expressionismo Abstrato americano.*

MOÇA COM BRINCO DE PÉROLA. Direção: Peter Webber. Produção: Andy Paterson e Anand Tucker. Luxemburgo: Imagem Filmes, 2003. 100 min.

> *Indicado anteriormente, o filme "Moça com Brinco de Pérola" pode ser também utilizado para entender melhor a utilização da câmara obscura. A história de Vermeer se desenvolve no período barroco; período em que houve o uso da câmara obscura por alguns pintores. No filme, Vermeer faz uso desse objeto, e, através dessa narrativa, podemos entender um pouco melhor como a câmara auxiliava os pintores da época a pintar de forma cada vez mais próxima da realidade.*

Capítulo 4

A leitura das imagens

* O termo *gestalt* é de origem alemã e pode ser entendido como forma, bem como organização, estrutura ou configuração. De acordo com a rubrica para artes plásticas do *Dicionário Houaiss*, corresponde ao "posicionamento que afirma serem a carga emocional e os conceitos estéticos atributos de uma obra de arte e não do seu espectador".
(HOUAISS; VILLAR; FRANCO, 2001)

Ler uma imagem é saboreá-la em seus diversos significados, criando distintas interpretações.

Pillar, 1999, p. 17

No final da década de 1970, com o aumento da tecnologia e dos sistemas audiovisuais, começou a se desenvolver, dentro da linguagem visual, a expressão "leitura de imagens". É possível dizer que essa denominação foi influenciada pela teoria da *gestalt** e também pela semiótica. Assim, várias maneiras de ler uma imagem começaram a surgir.

Algumas teorias afirmam que uma imagem pode ser lida por si só, independentemente da intenção do artista, ou seja, a imagem fala por si, através de seus elementos plásticos. É o caso da "semiótica greimasiana", proposta por Ramalho e Oliveira (2006) em seu livro *Imagem também se lê*. A autora indica que qualquer imagem pode ser lida, seja ela *design* ou imagem artística.

Por outro lado, existem linhas de leitura de imagem sugerindo que a leitura de uma obra deve partir do contexto. Ou melhor, uma obra fazendo parte de uma história, levando-se em conta tudo que faz parte da vida do artista. É o caso do livro *Educação para uma compreensão crítica da arte*, de Terezinha Sueli Franz (2003). Para a autora, a leitura de imagem, na escola, deve ser sempre através de contextos, pois, se os estudantes não conhecem a história e suas relações com as obras, podem construir contextos imaginários, o que pode resultar em conhecimentos superficiais e equivocados.

Rudolf Arnheim (2005), em seu livro *Arte e percepção visual – uma psicologia da visão criadora*, afirma que são dez as categorias visuais para entendermos uma imagem: equilíbrio, configuração, forma, desenvolvimento, espaço, luz, cor, movimento, dinâmica e expressão. Com isso, o autor sugere que o espectador pode deduzir as configurações impostas pelo artista em aspectos expressivos e formais da imagem. Nossos olhos reconhecem diferenças de formas e cores, porém essa habilidade pode ser estimulada. Ele também afirma que simplesmente mostrar as obras para as crianças, nas aulas de arte, não gera resultados importantes; a menos que a criança seja estimulada a visualizar o trabalho e, assim, apreciá-lo integralmente. Considera, ainda dentro dessa perspectiva, que os elementos, como linhas, planos, cor, luz, bem como o modo como cada artista trabalha com eles, podem ser analisados nas aulas de arte desde a educação infantil.

Arnheim explorou, segundo Dondis (1997, p. 22), "não apenas o funcionamento da percepção, mas também a qualidade das unidades visuais individuais e as estratégias de sua unificação em um todo final e completo".

4.1 A leitura das obras de arte

Os professores têm um compromisso muito sério no que diz respeito à educação do olhar dos alunos, pois estes estão constantemente em relação direta com um mundo cheio de imagens que muitas vezes não são percebidas.

> *Para se construir um leitor de imagem da arte, é necessário adotar um certo olhar na duratividade da leitura: aberto e disponível, articulador de fragmentos, tal como é o olhar do arqueólogo ou o do aventureiro; olhar do expedicionário que sai disposto a vivenciar os mais inesperados encontros; olhar desprendido para melhor capturar os guizos do mundo.* (Buoro, 2003, p. 243)

Apresentar um universo de imagens criadas por diferentes artistas possibilita ao aluno conhecer a maneira como os artistas veem o mundo e como o expressam em formas e em materialidades variadas.

Em seu livro *Lendo Imagens: uma história de amor e ódio*, Alberto Manguel nos faz entender que quanto mais nos aproximamos da obra e do artista, mais teremos argumentos para possíveis leituras. Portanto, é necessário obter informações sobre o contexto histórico, a vida do artista, sua visão de mundo, o gênero (tema) e relacionar a obra aos acontecimentos da época para, assim, fazer uma possível leitura.

Podemos pressupor que todos conheçam a obra *O Quarto de Van Gogh em Arles* (*De slaapkamer*), datada de 1888, que apresentamos logo a seguir. O que vemos? Caso não a conhecêssemos, seria um quadro agradável aos olhos? Um quarto aparentemente desorganizado, onde estão quadros extremamente desequilibrados, duas cadeiras cambetas, uma janela que não se distingue se está aberta ou fechada, uma cama que parece ser de solteiro; porém, com dois travesseiros, uma mesa cheia de objetos (velas, jarra, bacia), uma toalha pendurada que parece estar encharcada. Além disso, com cores fortes, agressivas, e sem perspectiva ou técnica de desenho, passa a sensação de que o chão vai afundar. Seria interessante termos essa tela em casa, caso seu autor e sua história nos fossem desconhecidos?

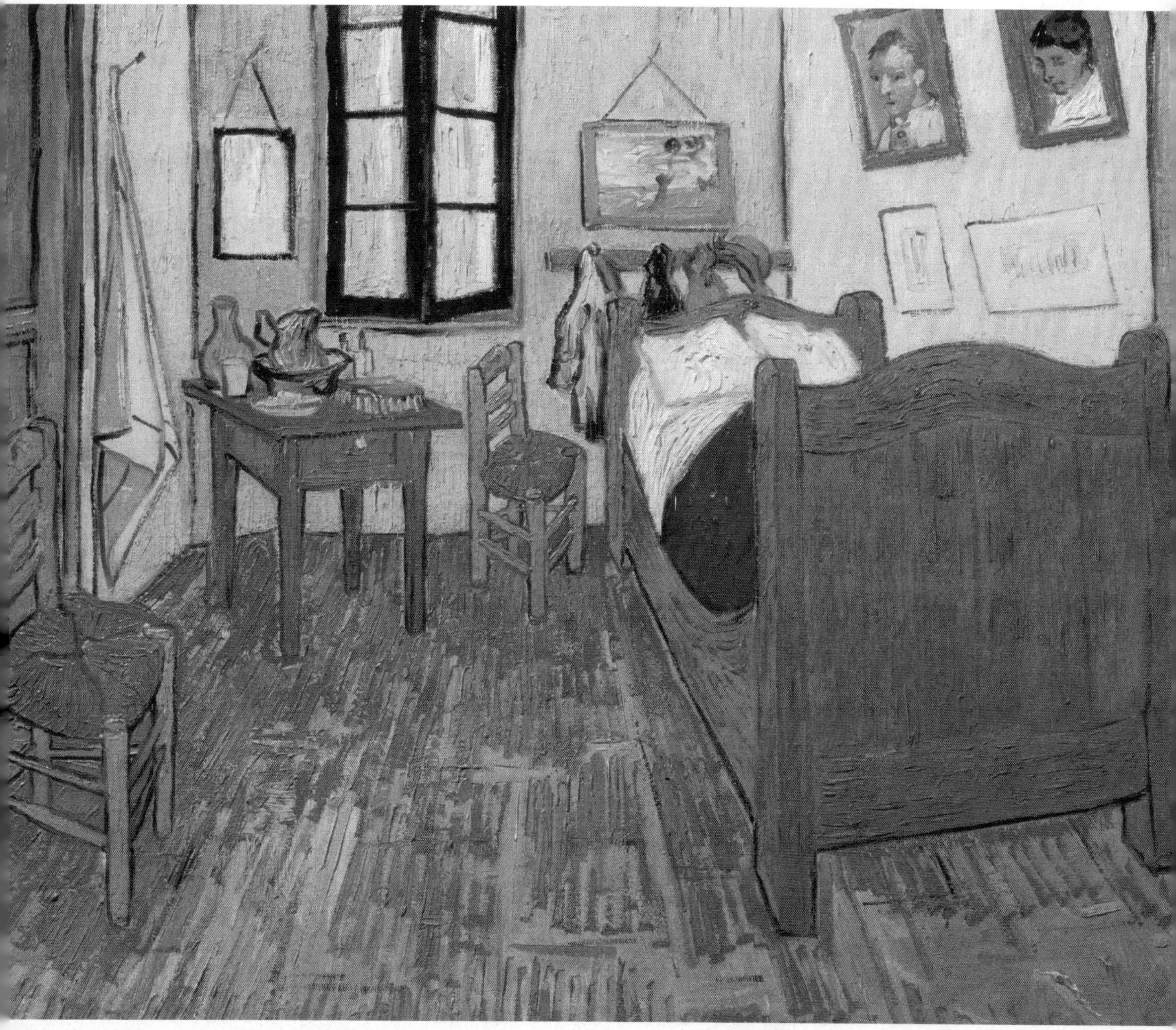

O fato é que admiramos a obra por ser de Van Gogh! Por sabermos sua história, nossos olhos se encantam ao ver tanta dedicação e paixão em uma tela. Essa obra nos conta a história de uma espera. Van Gogh, um homem de personalidade forte, era uma pessoa de poucos amigos, poucos tinham paciência para suportar suas atitudes, muitas vezes um tanto quanto agressivas. Aliás, seu irmão, Théo, era seu único confidente, e foi através das cartas que Van Gogh enviara a ele (posteriormente editadas no livro *Cartas a Théo*) que ficamos sabendo que, entre as pessoas que se aproximaram de Van Gogh, Paul Gauguin (também pintor) foi muito importante em sua vida – os dois pintores trabalharam juntos por certo tempo –, sendo este um dos poucos amigos que Van Gogh conquistou.

No entanto, a convivência com Van Gogh não era fácil e, depois de uma discussão extremamente violenta, Gauguin foi embora; os dois amigos se separaram. Imaginemos a tristeza e a decepção de Van Gogh, pois durante a sua vida acumulou uma sequência de fatos errados, não teve muita sorte e não teve sucesso em nada daquilo que tentou fazer. Uma pessoa que não conseguia manter suas amizades, ou seja, além de não conquistar sucesso financeiro, também não conquistava sucesso emocional. É sabido que pintou inúmeras telas e vendeu apenas uma.

Com a despedida de Gauguin, Van Gogh caiu em depressão, com grande dificuldade para se superar, mais uma vez (sabe-se que foram muitas suas crises) tenta sobreviver mergulhando em suas pinturas (Venezia, 1996b).

Algum tempo depois, recebe uma carta de Gauguin, o qual, para superar o mal-entendido, escreveu que iria visitá-lo em Arles (sul da França). Van Gogh encheu-se de entusiasmo, entregou-se com dedicação extrema ao trabalho e pintou o quarto para esperar o amigo. Sobre isso, ele confidenciou ao irmão:

à esquerda:
O Quarto de Van Gogh em Arles.
Vincent van Gogh, 1888.

Enfim, a visão do quadro deve descansar a cabeça, ou melhor, a imaginação. As paredes são de um violeta pálido. O chão é de lajotas vermelhas. A madeira da cama e das cadeiras é de um amarelo de manteiga fresca, o lençol e os travesseiros, limão-verde bem claro. O cobertor, vermelho escarlate. A janela, verde. A mesinha, laranja, a bacia, azul. As portas, lilás. E pronto – nada mais neste quarto com os postigos da janela fechados. O feitio dos móveis também deve exprimir um descanso inviolável. Os retratos na parede, um espelho, uma toalha e algumas roupas. A moldura – como não há branco no quadro – será branca. Isto para compensar o descanso forçado que me fui obrigado. Amanhã trabalharei nele o dia inteiro, mas você pode ver como a concepção é simples [...] Van Gogh. (Venezia, 1996b)

Cada objeto do quarto é intencional, as duas cadeiras para os amigos conversarem, as velas para Gauguin fazer suas leituras, a jarra e a bacia para lavar as mãos, dois travesseiros, quadros, enfim. Um quarto pronto para esperar um hóspede querido. Porém, para a decepção de Van Gogh, Gauguin não apareceu. Ficando, assim, o vazio do quarto e das cadeiras. Posteriormente, Van Gogh pintou, separadamente, a cadeira com um cachimbo em seu assento e a cadeira de Gauguin com o livro e a vela, representando a espera.

É quase impossível olhar para essa tela sem sentir compaixão, nosso olhar se encanta ao saber sua possível história, qual foi o motivo de sua execução. Faz-nos contemplar com intensa sensibilidade as paredes em tons de roxo e de azul, o piso vermelho, a cama e as cadeiras em madeira, muito amarelo, os lençóis e as almofadas em tons esverdeados, a colcha vermelha, a janela verde, a mesa, a bacia azul...

A seguir, faremos uma descrição da obra *Guernica*, de Pablo Picasso. O tema é a guerra, a cena é histórica. A partir da descrição por meio de palavras, é possível visualizar a obra, se já a conhecemos, ou imaginar como seja, caso nunca a tenhamos visto.

4.1.1 Picasso e a *Guernica*

A Espanha se encontrava em guerra civil desde o dia 18 de julho de 1936. O pintor espanhol Pablo Picasso, renomado e admirado por seu povo, foi incumbido pelo governo espanhol, em janeiro de 1937, de criar uma obra com a finalidade de alerta; uma obra capaz de atingir a consciência de todos, com o objetivo de provocar o fim da guerra. Em 28 de abril de 1937, aviões alemães, enviados por Adolf Hitler e aliados ao exército do general Franco, bombardearam a histórica vila de Guernica, em dia de mercado, sem nenhuma estratégia, transformando a pequena cidade numa tragédia da guerra civil, provocando a revolta da opinião pública mundial.

No dia 1º de maio, Picasso começou uma série de obras – desenhadas, pintadas ou gravadas – que acompanham *Guernica*, vários esboços e muitos estudos. Na tela, não existe um só personagem extremamente figurativo ou realista; Picasso utilizou o **Cubismo**, abusou do **Surrealismo** e conseguiu transformar em realidade o momento crucial da guerra. Alguns autores comentam que o artista se utilizou de fotografias que foram tiradas por uns amigos seus – fotógrafos que se encontravam na vila de Guernica no momento do terrível acontecimento.

No canto central direito, vemos uma mulher que levita em chamas, desesperada; abaixo, vemos uma perna e ao corrermos os olhos para esquerda, percebemos que se trata de outra mulher, a qual possivelmente esteja com a perna quebrada e deixa transparecer sua enorme barriga de grávida; acima dela um rosto e um braço estendido, o que nos dá a sensação de alguém tentando ajudar, pois a mão carrega algo semelhante a um castiçal. Quebrada sobre o chão uma estátua de homem, ao lado de sua espada, também quebrada, uma pequena flor brota do nada, simbolizando a esperança; no centro um animal – o causador de tudo –, um cavalo representando o "mau", pois este foi por muito tempo arma de guerra. Percebemos que o corpo do cavalo possui uma parte que parece uma folha de jornal, talvez pela presença da imprensa no momento do ataque.

páginas seguintes:
Guernica.
Pablo Picasso, 1937.

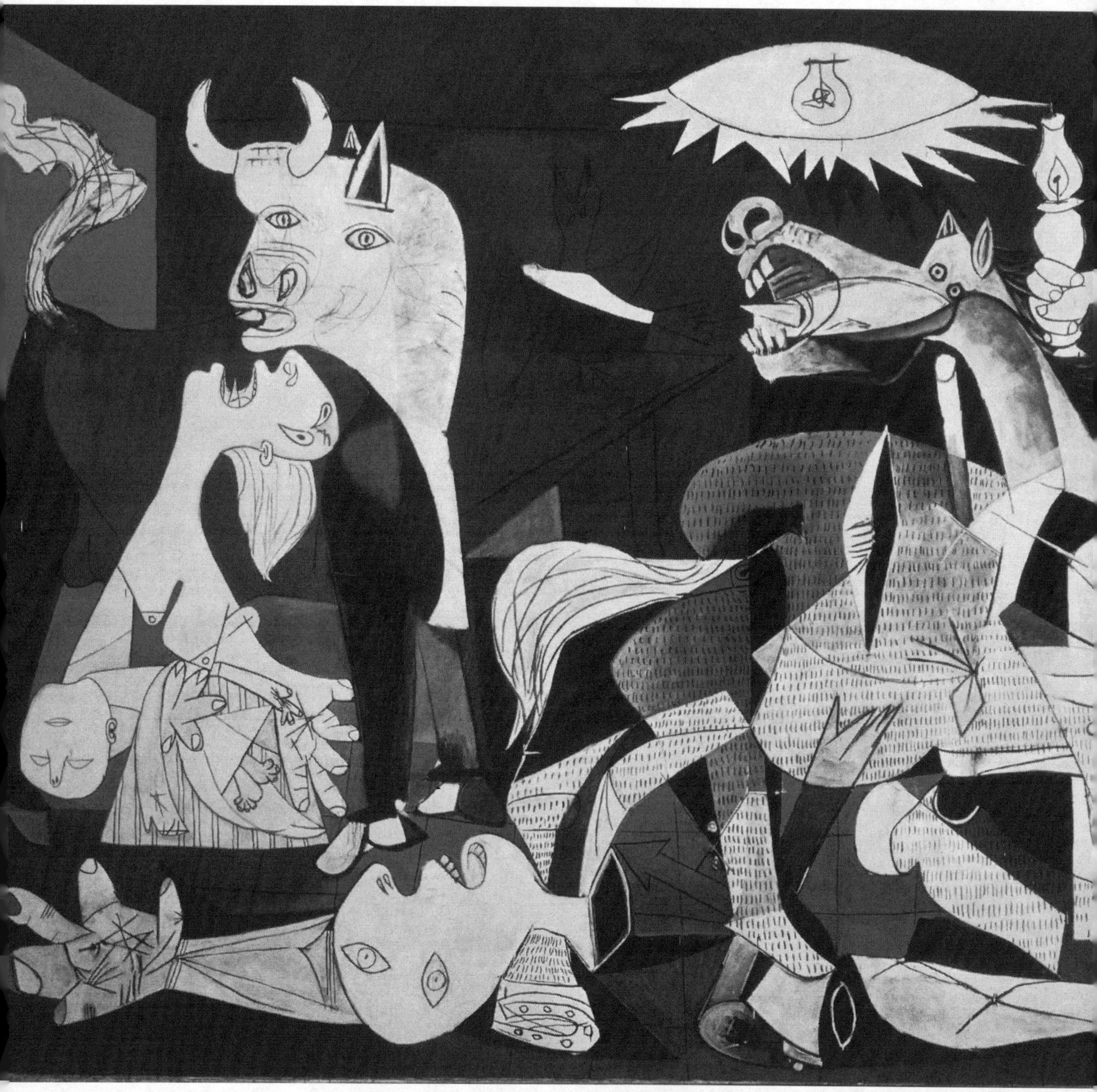

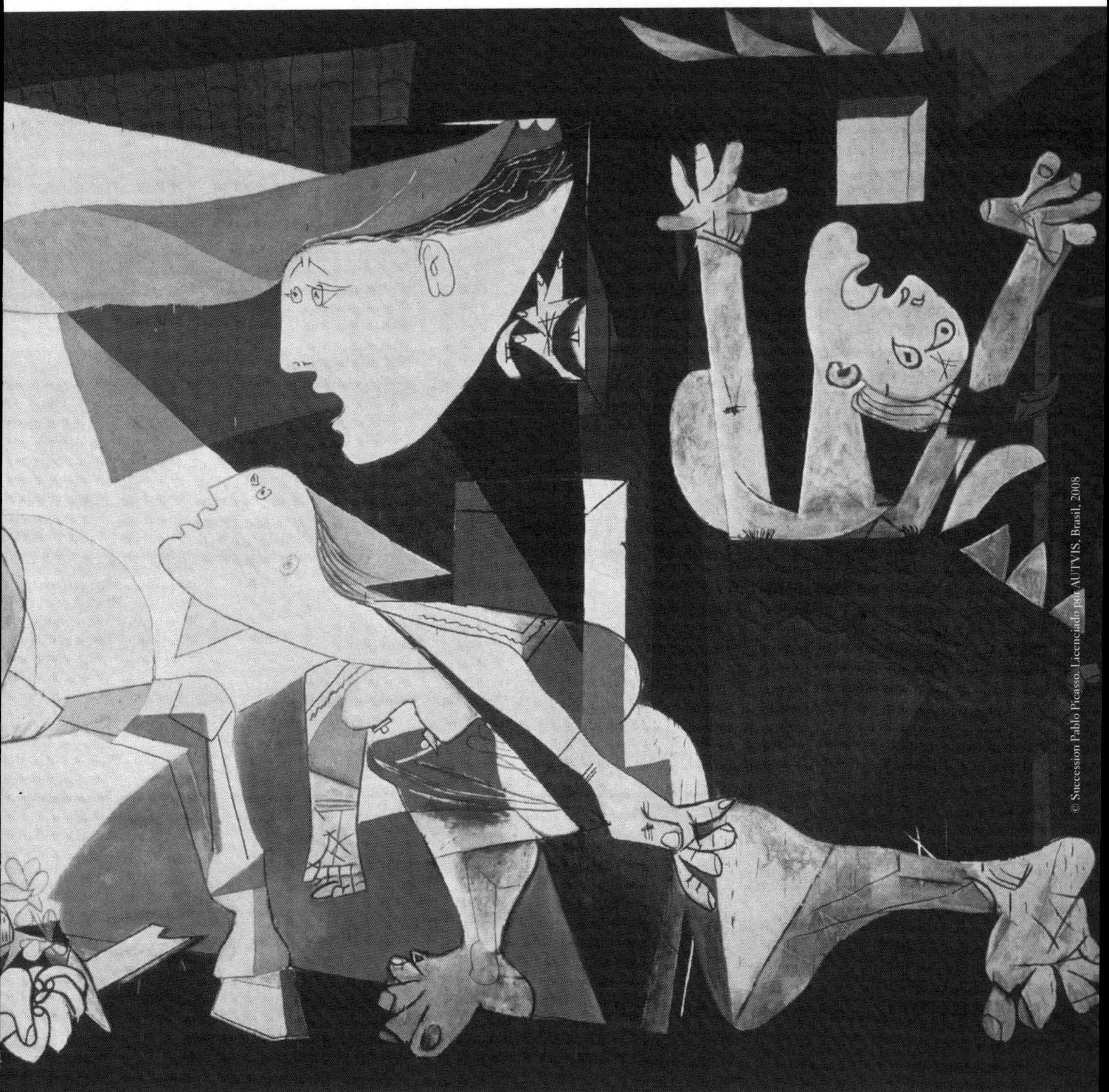

A mulher, no lado esquerdo, com uma criança morta no colo (podemos até dizer a "Pietá de Picasso"), gritando desesperada pela perda do filho, pede ajuda ao animal acima dela, o qual não lhe dá atenção. Esse animal representa a Espanha, um touro intocável, inabalável, nada pode assustá-lo; mesmo com todos os acontecimentos, a Espanha se encontrava inexorável. E quase na região central superior, um sol que é uma lâmpada e que juntos se transformam num olho; o sol representando a natureza, a lâmpada elétrica representando a tecnologia, pois, para Picasso, quanto mais o homem buscava meios de aumentar seus inventos, mais procurava ideias de matar e de morrer; enfim, a união de sol e lâmpada, juntos formando "o olho de Deus", o qual observa tudo o que está acontecendo.

Nessa obra, a ausência da cor torna a cena mais dramática e demonstra toda indignação do pintor em relação à crueldade da guerra (Kraube, 1995, p. 93). "Este quadro ficou em Nova York, desde o começo dos anos 40, pois, segundo a vontade de Picasso, ele só deveria voltar à Espanha após o fim da ditadura de Franco. Isso só ocorreu em 1981." (Proença, 1994, p. 157).

Atualmente, *Guernica* se encontra no *Centro de Arte Rainha Sofia*, em Madri.

> *O professor de arte pode fazer, juntamente com seus alunos, uma comparação entre as obras "Guernica" (Picasso) e "Fuzilamentos de 3 de maio de 1808" (Francisco de Goya). Ambos são pintores espanhóis que retrataram a angústia de seu povo perante a crueldade da guerra. A Guerra Espanhola no **Cubismo** de Picasso ou no **Romantismo** de Goya, períodos históricos bem diferentes, mas com a mesma indignação por parte dos artistas.*

4.1.2 Exercício do olhar

Faremos agora um "exercício do olhar". Observaremos uma obra sem termos informações sobre a ela; depois tentaremos perceber se nosso olhar se modifica ao conhecermos sua história. Esta obra não faz parte do período das obras citadas nos parágrafos precedentes, é datada por volta de 1485, pertence ao período a que chamamos de *Renascimento* (posteriormente faremos comentários). Primeiro observe o quadro O *Nascimento de Vênus* (*La Nascita di Venere*), exposto na próxima página, de Sandro Botticelli.

Agora, supondo que você não tenha informações sobre o quadro, responda:

a. Quem é essa mulher? Qual seria o seu nome? O que ela faz ali?

b. Como é sua aparência física? O que lhe agrada fisicamente e o que não lhe agrada nessa mulher?

c. Aparentemente é uma mulher alegre, preocupada, triste ou nervosa? Que sensação emocional ela lhe passa?

d. Que lugar é esse? Como ela chegou até aí?

e. Procure descrever esse lugar.

f. Quais as cores predominantes? Quais as linhas, as formas, o contraste, o volume?

g. Existem outros personagens na cena? Quem são eles? Como eles estão vestidos? O que estão fazendo?

h. Que nome você daria a esse quadro?

i. Você gostou do cenário? Enfim, qual sua opinião sobre o quadro?

j. Agora vamos analisar sua opinião, bem como sua visão perceptiva do quadro após algumas informações. Será que seu olhar irá mudar?

páginas seguintes:
O *Nascimento de Vênus*.
Sandro Botticelli, ca. 1485.

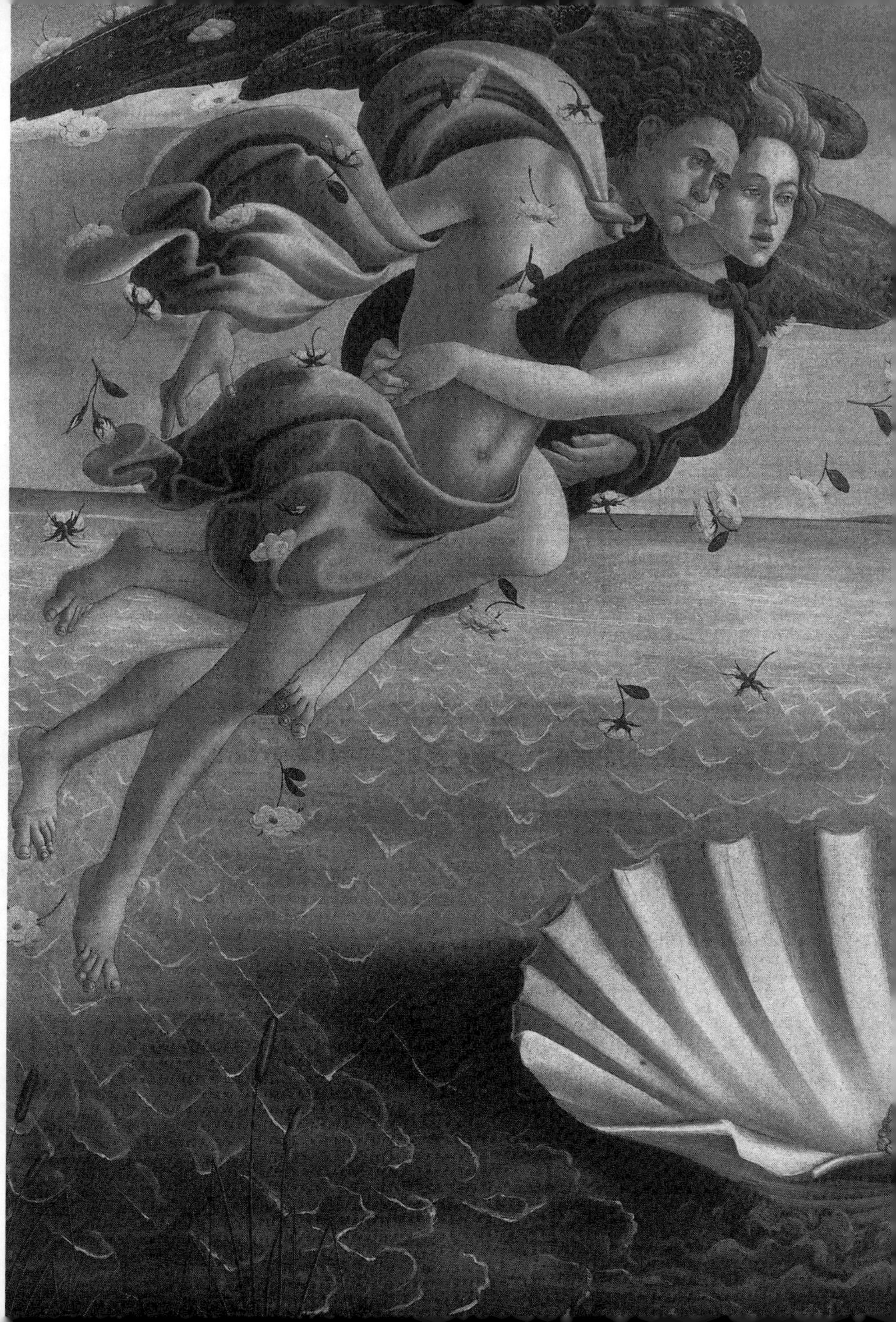

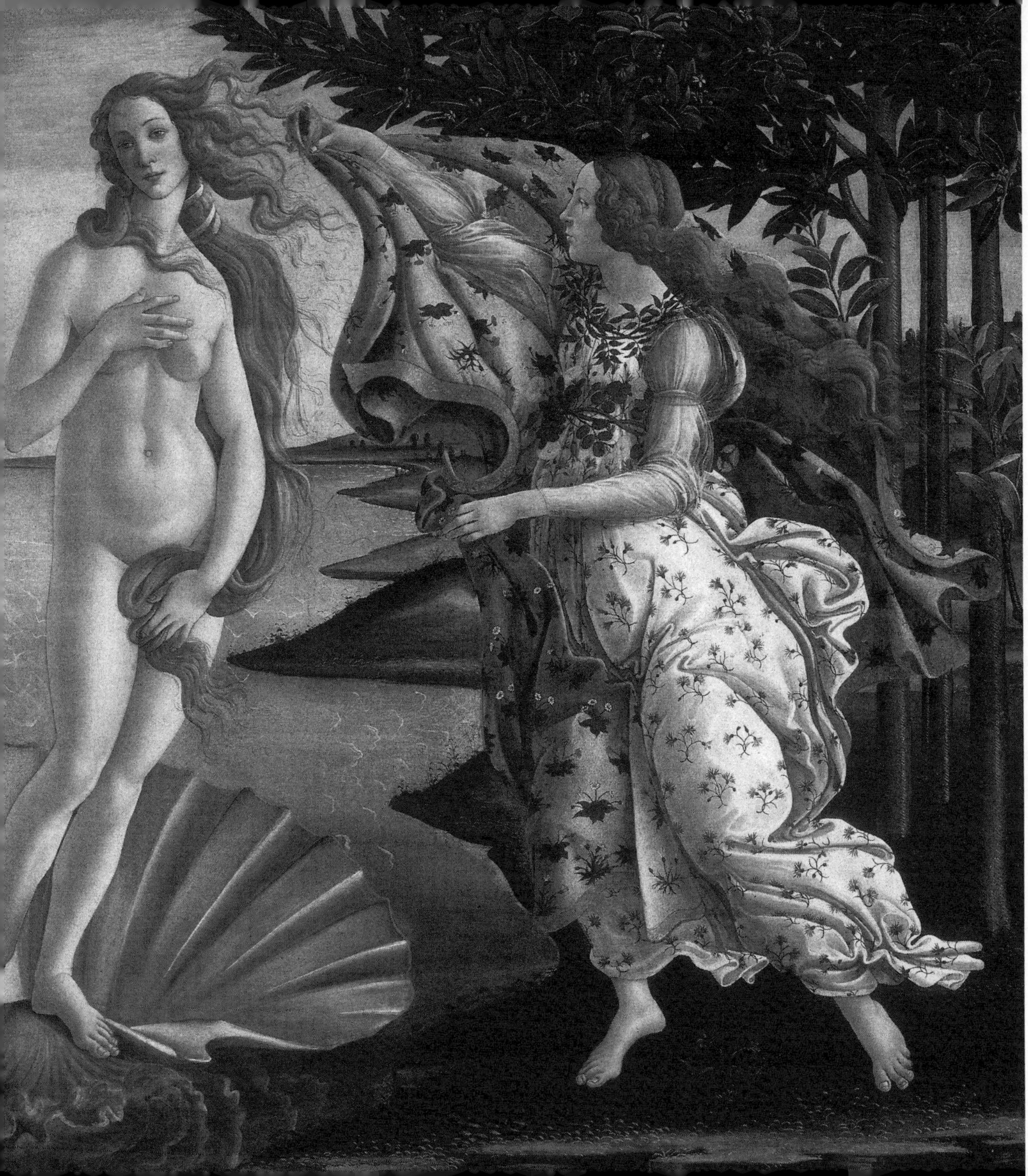

O Nascimento de Vênus (*La Nascita di Venere*)

Sandro Botticelli (1444-1510), um artista florentino e renascentista, concentrou sua produção artística em cenas religiosas, retratos e temas mitológicos. Essa obra é na verdade uma cena de uma história mitológica. Segundo a mitologia, da união de Urano (Céu) e Gaia (Terra) nasceram muitos filhos: os **Titãs**: Oceano, Hiperíon, Crio, Coio, Jápeto e Cronos; as **Titanides**: Teia, Tétis, Têmis, Rea, Febe e Mnemosine; os **Ciclopes**: Arges, Brontés e Esteropés (relâmpagos, trovões e raios) e os **Hecatônquiros** (gigantes): Briareu, Coto e Gies.

O pai, Urano, condenou seus filhos a viverem nas profundezas da Terra, longe da luz do Sol, por serem criaturas monstruosas. A mãe, Gaia, revoltou-se com essa atitude e induziu seus filhos a se vingarem, entregando uma foice a Cronos (Saturno – deus do tempo), o mais novo dos Titãs, que recebeu a incumbência de castrar seu pai para que sua fecundidade fosse interrompida. Saturno cortou-lhe os testículos, libertando seus irmãos. Os órgãos genitais caíram no mar formando uma grande espuma, como se houvesse uma fecundação, e surgiu das águas, sobre uma enorme concha, uma deusa lindíssima e encantadora, a Vênus, ou Afrodite, deusa do amor, da beleza e da fecundidade. Foi recebida, na Ilha de Chipre, por uma chuva de rosas, sopradas pelo vento, e por Horas (filha de Cronos), que a vestiu com o manto da imortalidade, conduzindo-a ao Olimpo, onde a apresentou a todos os deuses e deusas. Beleza igual nunca havia aparecido dentre os mais sagrados seres (Cumming, 1996).

Agora esses dados, já podemos olhar a imagem com "outros olhos". Com as informações adquiridas, temos uma visão mais alongada sobre o assunto. Pois, uma vez agrupando elementos visuais com conhecimentos teóricos sobre a obra e o artista, além de opiniões próprias, podemos chegar então a uma percepção mais aguçada. E agora? Qual a sua opinião sobre o quadro? O que realmente vê? Quais os recursos técnicos utilizados? Que sentimentos lhe desperta? Você gosta dessa imagem? Por quê?

Continuaremos, agora, a falar sobre o Renascimento, porém, sobre um retrato. Retrato que, segundo Gombrich, talvez seja a obra mais famosa de Leonardo da Vinci: a *Mona Lisa*.

4.1.3 O retrato e a *Mona Lisa (La Joconde)*

Fascinado por sua imagem e a de seus semelhantes, o homem, desde a Antiguidade, procurou registrar das mais variadas maneiras seu retrato: em pinturas nas paredes de sepulturas, bustos, medalhões e moedas. O retrato foi um fenômeno durante séculos. O Renascimento deu início a uma era completamente nova da civilização, o próprio homem era o centro do Universo, e, na arte, o retrato tornou-se a expressão natural desse momento histórico. Porém, como fora a Antiguidade, o retratos eram um luxo restrito a poucos, incluindo-se nesse grupo, mais tarde, os novos ricos – prósperos comerciantes e banqueiros, vários rostos, alguns muito famosos, que viriam a fazer parte da história, e outros menos conhecidos, ligados ao dia a dia, porém, igualmente interessantes.

Durante os séculos XVI e XVII, grandes pintores começaram a se especializar em retratos, servindo aos interesses de algumas famílias e de suas ambições. Considerado um símbolo de *status*, uma expressão de realização pessoal, o retrato também poderia ser uma forma de assegurar um lugar na posteridade. Naquele período, era muito comum retratar pessoas nobres em uma pose clássica: sem sorrir, mantendo uma postura e elegância.

Seria quase impossível falar em retrato no Renascimento sem falar do grande observador Leonardo da Vinci, o mestre italiano do "quatrocento". Aquele que deixou marcado para a eternidade o mais célebre e, por que não falar, o mais famoso retrato de todos os tempos: **Mona Lisa**.

Vítima de dezenas de supostas histórias, o quadro é um mistério a ser desvendado. É como se o artista, num ato de hipnose, paralisasse nossos olhares no olhar de Mona Lisa; como se esse olhar nos acompanhasse em todos os pontos,

à direita:
Mona Lisa.
Leonardo da Vinci,
1503-1507.

como se seu sorriso enigmático e misterioso fosse especialmente para nós, ou que a paisagem de fundo nos convidasse para um passeio. É magnífico, aguça nossa imaginação (Gombrich, 1999, p. 300).

A personagem retratada tem inspirado grande curiosidade ao longo do tempo, levantaram-se as mais variadas hipóteses sobre sua identidade. Chamada também *Gioconda*, essa pintura retrata, segundo dados históricos, a madona Lisa di Antonio Maria Gherardini, jovem esposa do rico cidadão Francesco del Giocondo, que fez a encomenda a Leonardo da Vinci em 1503. O quadro, longe de ser um mero retrato, tornou-se uma das poderosas imagens da própria humanidade e da ideia de beleza perfeita do Renascimento.

A releitura de *Mona Lisa*

Muitos artistas fascinados por esse retrato, deram um toque especial à *Mona Lisa*. É o que chamamos de releitura, isto é, projetar interpretações próprias, criando, assim, uma nova obra, um novo estilo; porém, sem fugir ao tema original. Esse processo não corresponde a uma simples cópia, pressupõe-se um trabalho criativo a partir de uma obra escolhida, podendo ser feito em diferentes modalidades artísticas: poesia, pintura, dança, cinema, escultura etc.

Portanto, colocando traços significativos para si próprios, perfis de seus trabalhos, como se fosse uma marca registrada, esses artistas produziram novas leituras (pessoais) nesse retrato. Assim, Marcel Duchamp, um provocador, pintou bigodes na *Mona Lisa*, causando um grande impacto na arte clássica; Salvador Dali chegou bem perto do real, acrescentou traços próprios, olhos, nariz; Mauricio de Sousa classifica seu trabalho como paródia, pois se manteve fiel à mesma estrutura, mudando apenas a personagem; Botero, como sempre, deu volume à retratada (uma figura inchada e balofa), um estilo* singular (Gombrich, 1999, p. 300).

* Nas artes visuais, "estilo" corresponde a significados profundos, ligados aos artistas e aos respectivos tempos.

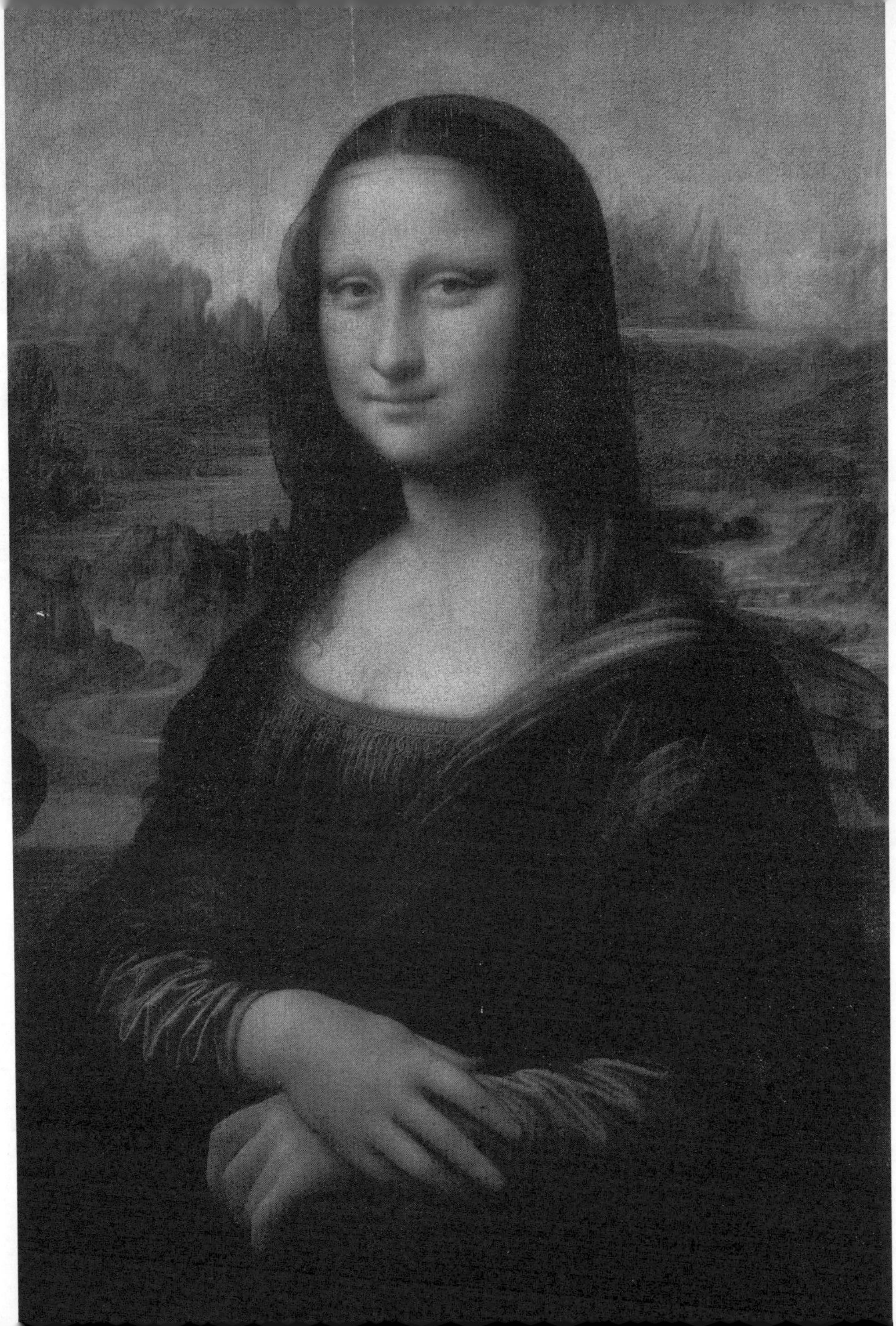

Na escola, o objetivo do trabalho de releitura é observar, recriar e interpretar obras de arte. Não é uma interferência, pois, se assim fosse, poderíamos simplesmente colar um chapéu em sua cabeça com um recorte de revista. Na releitura, devemos inserir na obra traços pessoais de quem está fazendo o trabalho, seu estilo, algo que ao olharmos para a obra nos dê a certeza de quem é que fez a leitura e a releitura. Para executar uma releitura em sala de aula, podemos seguir algumas etapas:

~ escolher a obra a ser trabalhada (nesse caso a Mona Lisa);
~ definir o espaço onde será feito, ou seja, sulfite, cartolina, tela etc.;
~ fazer um esboço com lápis de desenho;
~ selecionar o material: lápis de cor, giz, tintas etc.;
~ colocar seu próprio estilo na arte-final, criando, assim, uma releitura, ou seja, imprimindo traços que identifiquem o trabalho com quem está relendo, sem perder características que remete à obra inspiradora.

Além disso, utilizar conhecimentos já adquiridos é sempre uma boa ideia, enriquece conteúdos e propõe uma interligação.

Síntese

Acreditamos que através da interação da linguagem visual com os conteúdos escolares, podemos direcionar a aprendizagem, tornando-a mais acessível e agradável. Se, para nós, professores, aprender com imagem, além da escrita, é mais interessante, imagine para nossos alunos.

Neste capítulo, fizemos um exercício breve de leitura de imagens; conhecemos alguns meios para executar essa leitura; vimos também que várias teorias podem ser aplicadas. Uma obra pode, por exemplo, ser lida de dentro para fora, partindo de seus elementos formais, como acontece em leituras com fundamentação na semiótica, outras teorias fazem a leitura de fora para dentro, é o caso de partir do contexto do artista para chegar aos significados na imagem.

Obtivemos uma leitura dos símbolos e significados em algumas obras, entre elas na *Guernica* de Picasso. Percebemos que nosso olhar pode mudar ao adquirirmos informações sobre uma determinada imagem. Exercitamos uma vez mais esse processo quando analisamos a obra de Botticelli antes e depois das informações contextualizadoras.

Um estudo rápido sobre o retrato denominado *Mona Lisa* propiciou um questionamento sobre a releitura e sobre como essa atividade deve ser desenvolvida na escola. No entanto, o que fizemos foi apenas um pequeno estudo sobre leitura de imagens, somente o exercício diário nos fará chegar a conclusões mais aguçadas. Portanto, nós, professores, devemos desenvolver essa tarefa constantemente com nossos alunos, possibilitando a eles novas interpretações e direcionamentos de "olhar".

Indicação cultural

A sugestão é uma visita ao Museu do Louvre, local onde se encontra a *Mona Lisa* de Da Vinci. No *site* do museu (http://www.louvre.fr/llv/musee/alaune.jsp?bmLocale=fr_FR), podemos ter ideia de quão grande é sua extensão, bem como a maravilha arquitetônica da antiga residência real, que se tornou um dos mais famosos museus do mundo.

Considerações finais

DESENVOLVER A CAPACIDADE DE LIDAR COM AS IMAGENS talvez seja, na época presente, o nosso maior desafio como educadores de arte. Nossos alunos estão carregados de informações visuais e muitas vezes não são conscientes disso. A vida cotidiana do homem moderno tende a deformar a sociedade, afastando cada vez mais a sensibilidade. Trabalhar essa sensibilidade pode trazer benefícios para toda a humanidade, e a arte tem essa função. Como vimos no primeiro capítulo, ela ajuda a olhar, olhar de maneira a entender aquelas pequenas (porém muito importantes) coisas que não conseguem espaço em nosso dia a dia.

Durante a leitura deste livro, você pôde constatar que existem muitas maneiras de observar. Podemos, por exemplo, partindo dos elementos básicos, conhecer esteticamente a intenção do artista, qual o seu propósito a respeito de uma determinada cor, qual sua intenção com as linhas aplicadas ou a técnica utilizada para conseguir o contraste ou o volume. Percebemos também que são inúmeras as maneiras de o artista manifestar-se visualmente e, com a tecnologia em contínua evolução, temos formas de expressão bem diversificadas, aumentando ainda mais a riqueza artística.

Tanto quanto saber decodificar palavras, temos que decodificar imagens. Isso, neste mundo extremamente visual, é uma questão de sobrevivência, não podemos absorver tudo o que "vemos" sem um questionamento. Precisamos entender um pouco mais sobre tudo o que nos cerca, e nossos alunos esperam algo a mais de nós a respeito da dinâmica da leitura do universo das representações visuais.

A aprendizagem desse processo de decodificação e de interligações, além de trazer possíveis benefícios quando se encaminha a leitura visual de mundo como uma crítica social, pode também trazer extremo prazer ao decifrarmos algo que não tínhamos percebido antes. É sempre uma experimentação, uma tentativa e uma grande satisfação entender algo. Isto é, o sentir que sabe, o sentir-se alfabetizado visualmente.

Portanto, o professor de arte, ao orientar a leitura visual de uma obra ou imagem, deve estar atento às inúmeras possibilidades de exercitar o poder de argumentação, de crítica e de reflexão. Com esse propósito, deve incentivar várias abordagens, procurar conhecer artistas da própria comunidade ou da região e fornecer argumentos para novas interpretações e possíveis criações; assim poderemos acreditar que teremos no futuro verdadeiros leitores visuais.

Atividades

Capítulo 1

Atividades de Autoavaliação

Assinale a alternativa correta.

1. Podemos dizer que uma criança tende a observar mais as imagens do que os adultos, pois ela não se preocupa com a escrita. Ao sermos alfabetizados, as imagens podem tornar-se secundárias em nossas leituras. Por que isso acontece?
   a) A alfabetização escrita impede a alfabetização visual.
   b) Não há na escola uma alfabetização visual paralela à alfabetização escrita.
   c) O tempo. Somos escravos do relógio; para ler uma imagem precisamos dispor de muito tempo.
   d) Há pouca comunicação através da imagem, não temos muito acesso às imagens.

2. O Impressionismo foi um movimento artístico que teve como principal tema a natureza e a variação solar sobre ela. Por que é necessário recuar alguns passos para que possamos entender uma obra impressionista?
   a) Porque é feita de pontos em cores primárias, facilitando assim a visão de longe.

b) Porque possui contornos visíveis de longe, não reconhecíveis de perto.
c) Porque, quando nos distanciamos da obra, há uma percepção óptica que permite a compreensão dos "borrões" não entendíveis de perto.
d) Porque é um movimento também conhecido como divisionismo.

Assinale com **V** (verdadeiro) ou **F** (falso) as afirmações das questões subsequentes.

3. Quando visitamos um museu, muitas vezes não temos informações sobre o determinado artista ou sobre sua obra exposta, mas, caso tenhamos em nossa vivência um determinado senso crítico e estético, de uma maneira geral isso facilitará nossa apreciação.
   ( ) Apreciando diversas produções artísticas, poderemos valorizar a obra de um artista desconhecido.
   ( ) Temos condições, a partir de nosso ponto de vista, de apreciar uma obra por si só, porém, conhecimentos artísticos específicos possibilitam uma leitura mais abrangente.
   ( ) Sem noções de alguns conceitos contidos numa composição, como equilíbrio, movimento, espaço, proporção e ritmo, é impossível apreciar uma obra de arte, bem como é imprescindível o conhecimento da vida e da obra do artista para contemplá-la.
   ( ) Nossa vivência, nossa bagagem cultural e noções básicas de composição é que nos permitem uma boa apreciação artística.

4. Podemos dizer que os artistas neoimpressionistas aprofundaram as pesquisas dos impressionistas em relação à percepção óptica, pois:
   ( ) conseguiram fazer com que através de pontos a imagem fosse captada de uma maneira total;
   ( ) utilizando apenas cores primárias, fizeram telas através de borrões;
   ( ) as pinceladas reduzidas a pontos, num todo, dão ao observador uma visão geral da cena;
   ( ) o divisionismo consistia em utilizar as cores puras, especificamente as primárias (ciano, magenta e amarelo).

5. Segundo Eduardo Galeano, a função da arte é "Ajudar a olhar". Por que ele faz essa afirmação?
   ( ) Porque é através da arte que conseguiremos ter uma abertura visual maior.
   ( ) Porque não existe outra forma de exercitar nosso olhar.
   ( ) Porque as imagens possuem elementos visuais que podemos entender melhor através da arte.
   ( ) Porque a arte pode apontar maiores possibilidades para vermos o mundo com outros olhos.

Atividades de Aprendizagem

Questões para Reflexão

1. Escolha uma imagem qualquer: de *design* (revistas, propagandas, jornais), artística (obras de arte) ou fotográfica (pode ser um retrato de família). Na imagem escolhida, você vai procurar um detalhe que não foi observado à primeira vista. Ou seja, um pequeno detalhe que não faça parte do tema principal da imagem. Por exemplo, se for uma foto de família, você não vai observar as pessoas, como normalmente fazemos, tente observar um detalhe, como um botão, um laço, uma espinha no rosto, alguém de relance no fundo.

2. Partindo da sua observação, feita na questão anterior, procure fazer relações do elemento com o todo, tente imaginar o momento exato em que a foto foi tirada e qual foi o olhar do fotógrafo. Depois mostre a imagem para outras pessoas, pedindo que elas observem um detalhe qualquer. Faça comparações, provavelmente você perceberá que cada um "olha" com os olhos que tem e que a bagagem que cada um possui influencia o olhar. É uma atividade surpreendente, principalmente quando notamos, na observação de outra pessoa o que nos passou despercebido.

Atividade Aplicada: Prática

1. Uma pesquisa mais aprofundada pode ser feita em relação à comunicação visual. As imagens encontradas no computador ou em lugares públicos com função de indicação ou informação; os ícones do dia a dia, como as placas de trânsito, de banheiros, de restaurantes, de *shoppings*, ou seja, as imagens que falam. Essas imagens são tão constantes em nossas vidas, tão comuns, que nem percebemos a sua importância.

Capítulo 2

Atividades de Autoavaliação

Assinale a alternativa correta.

1. Segundo Fayga Ostrower, cinco elementos expressivos formulam as obras de arte na linguagem visual. São eles:
a) ponto, superfície, textura, cor e linha.
b) ritmo, movimento, dinâmica, volume e luz.
c) luz, cor, linha, superfície e volume.
d) estrutura, sombra, cor, luz e ritmo.

2. Por combinação, quais as cores que geram todas as relações cromáticas na cor-pigmento?
a) Azul, laranja e verde.
b) Vermelho, azul e amarelo.
c) Laranja, verde e violeta.
d) Violeta, vermelho e amarelo.

Assinale com V (verdadeiro) ou F (falso) as afirmações das questões subsequentes.

3. Sabemos que as linhas podem nos auxiliar: em muitas imagens elas direcionam o olhar, em outras transformam um objeto plano em bidimensional. Isso porque:
( ) cada vez que interligarmos linhas diagonais a linhas verticais e horizontais, obtemos um contraste claro-escuro;
( ) uma superfície é gerada de uma linha, a qual deverá ser sempre uma linha diagonal ou horizontal;
( ) as diagonais paralelas, numa ponte que conduzem nosso olhar a distância, estão presentes em Edvard Munch;
( ) podemos observar na pintura romântica composições em diagonais e o forte contraste de claro-escuro.

4. O elemento da linguagem visual denominado *superfície* é o que chamamos de *forma*. Sabemos que as formas básicas são três. Assim sendo:
( ) o quadrado, o retângulo e o círculo são quadriláteros que podem ser utilizados apenas em segundo plano.
( ) o quadrado, o círculo e o triângulo são formas que podem ser variadas, transformando-se em formas diversas.
( ) o retângulo, o círculo e o trapézio são as três formas básicas da linguagem visual.
( ) o paralelogramo é um quadrilátero que possui duas linhas paralelas diagonais.

5. Às vezes, a cor verde pode simbolizar a fé, a liberdade, a tranquilidade e o afeto, bem como criar um ambiente equilibrado e calmo a sua volta. Ao observarmos o círculo das cores, podemos entender quais são as cores análogas e quais as complementares. Isto é:
( ) a cor verde é análoga à vermelha e à azul.
( ) a cor verde é complementar da vermelha.
( ) na cor-pigmento, a cor verde é a mistura de azul e amarelo.

( ) na cor-pigmento, a cor verde é uma cor primária.

Atividades de Aprendizagem

Questões para Reflexão

1. Observe a imagem A *Noite Estrelada*, de Vincent van Gogh, 1889, e reflita sobre a interligação com o texto logo a seguir.

   Vincent van Gogh, pintor holandês, conhecido mundialmente por sua vida carregada de tragédias, pintou A *Noite Estrelada* (*De sterrennacht*). Apesar de o tema sugerir calma e tranquilidade, a cena é extremamente agitada. Os ciprestes movimentam-se constantemente, as estrelas aparentam círculos de fogo, e a Lua quase se transforma no Sol. Há um turbilhão de movimentos envoltos nas linhas e cores. Podemos perceber nessa obra claramente a utilização dos elementos básicos da linguagem visual.

2. Após observar a obra A *Noite Estrelada* atentamente, responda às questões a seguir.
   a) Quais as linhas mais utilizadas na obra? Que sensação lhe causam?
   b) Quais as formas que podemos caracterizar como geométricas e o que elas estão representando?
   c) Podemos perceber profundidade na obra? Em que ponto especificamente?
   d) Existe um contraste de claro-escuro? Em que parte do quadro isso é mais visível?
   e) Quais as cores predominantes e que sensações lhe transmitem?

Atividade Aplicada: Prática

1. Escolha uma foto ou pintura de qualquer artista e de qualquer tema. Seguindo o exemplo da atividade anterior, ou não, relacione os elementos visuais que você consegue identificar.

A *Noite Estrelada*.
Vincent van Gogh, 1889.

Capítulo 3

Atividades de Autoavaliação

Assinale a alternativa correta.

1. Transformar palavras em imagens facilita a compreensão de textos educativos. Esta é uma maneira de conduzir os leitores que se deixam levar pela imaginação através da leitura escrita à visualização concreta. Estamos nos referindo à:
   a) escultura.
   b) ilustração.
   c) gravura.
   d) pintura.

2. É uma expressão da linguagem visual que se caracteriza como meio de comunicação de massa e, por reproduzir a imagem em movimento distingue-se da fotografia. Trata-se do(da):
   a) gravura.
   b) desenho.
   c) pintura.
   d) cinema.

Assinale com V (verdadeiro) ou F (falso) as afirmações das questões subsequentes.

3. O desenho, a pintura, a escultura e a arquitetura são manifestações visuais que ainda estão presentes em nossos dias, embora sejam desenvolvidas desde a Antiguidade:
   ( ) As mais antigas imagens produzidas pelo ser humano foram desenhadas em madeira (servindo de tela) como as atuais pinturas.
   ( ) A escultura pré-histórica era normalmente de animais modelados em argila ou gesso, principalmente no período Neolítico.
   ( ) As pinturas pré-históricas eram desenvolvidas com pigmentos extraídos da natureza; e os povos desse período buscavam técnicas para que os animais pintados nas paredes chegassem o mais próximo do real.
   ( ) A arquitetura da Antiguidade tinha como objetivo construir moradias e eventuais esconderijos para animais.

4. Constatamos na contemporaneidade que a ficção cinematográfica tem frequentado a sala de aula e é aproveitada muitas vezes para aproximar o aluno da história da humanidade. É importante que, ao utilizar esse recurso didático, o professor considere aspectos como os que transcrevemos nas assertivas a seguir:
   ( ) O conteúdo do filme deve ser adequado aos conteúdos abordados, anteriormente e posteriormente, em sala de aula.
   ( ) É preciso trabalhar anteriormente os recursos estéticos do filme para prender a atenção dos alunos e preparar o olhar deles para uma visão crítica.
   ( ) O filme deve ser inédito, caso contrário os alunos não terão interesse.
   ( ) O cinema traz muitas novidades, não é possível acompanhar a sua evolução.

5. A linguagem visual permite ao observador um questionamento sobre a obra, dando-lhe subsídios para uma leitura. Entre as expressões artísticas a seguir, podemos classificar algumas como sendo da linguagem das artes visuais:
   ( ) Música, cinema, pintura, luz e teatro.
   ( ) Fotografia, escultura, arquitetura, cinema e desenho.
   ( ) Fotografia, dança, cor, televisão e pintura.
   ( ) Pintura, escultura, cinema, desenho e televisão.

Atividades de Aprendizagem

Questões para Reflexão

1. Após assistir ao filme *Pollock* e ter contato com o Expressionismo Abstrato, faça uma pesquisa para encontrar outros artistas que seguiram a mesma linha, ou seja, artistas que podem ser considerados discípulos de Pollock.

2. Conheça a obra da pintora Joan Mitchell, que pode ser encontrada em MANGUEL, A. **Lendo Imagens**. São Paulo: Companhia das Letras, 2001.

Atividade Aplicada: Prática

1. Realize uma pesquisa relacionando a maioria das expressões da linguagem das artes visuais. Por exemplo, podemos escolher "Expressionismo" e buscar o maior número de variações visuais sobre o tema, ou seja, pintura, escultura, fotografia, filme, desenho, enfim, todas as manifestações possíveis. Depois monte uma exposição comparando quais os pontos em que se assemelham ou quais os elementos visuais utilizados.

Capítulo 4

Atividades de Autoavaliação

Assinale a resposta correta.

1. O quadro *Guernica* é uma representação da Guerra Civil Espanhola e foi criado por:
    a) Leonardo da Vinci.
    b) Pablo Picasso.
    c) Sandro Botticelli.
    d) Francisco de Goya.

2. Qual é o quadro renascentista pintado por Botticelli que representa uma cena de uma história mitológica?
    a) *Os Fuzilamentos do 3 de Maio em Madri.*
    b) *Guernica.*
    c) *O Nascimento de Vênus.*
    d) *Mona Lisa.*

3. A atividade em que o professor deve sugerir uma pesquisa sobre uma determinada obra e, através de uma manifestação prática, propor uma leitura pessoal dessa obra refere-se à:
    a) interferência em obra.
    b) cópia de original.
    c) releitura de obra.
    d) leitura de imagem.

4. A convivência com as obras em museus propicia ao aluno conhecer várias possibilidades de expressão dos artistas nacionais e estrangeiros. A respeito da visita com finalidade pedagógica, assinale com **V** (verdadeiro) ou **F** (falso) as afirmações subsequentes:
    ( ) Visitar museus é um exercício de educação do olhar, permitindo questionamentos de grande abrangência.
    ( ) O contato com as obras no museu de arte permite aguçar a curiosidade e o prazer pela descoberta de novas possibilidades.
    ( ) Os museus normalmente não são espaços apropriados, pois não permitem que grandes expectativas sejam superadas; os alunos não são atraídos pelas imagens.
    ( ) O estudante tem um olhar com uma certa bagagem cultural, dando-lhe referenciais de suas experiências para questionamentos próprios.

5. A releitura e a interferência são atividades que podem ser desenvolvidas na escola. Porém, o professor deve ter seus objetivos bem traçados ao propor tais procedimentos. Com relação à releitura, assinale com **V** (verdadeiro) ou **F** (falso) as afirmações subsequentes:
    ( ) O professor deve solicitar aos alunos que escolham uma obra e desenhem o que viram, assim estará trabalhando a releitura.
    ( ) A releitura deve ser uma expressão pessoal, uma leitura nova, com pensamentos próprios sobre o tema ou obra trabalhada.

( ) O objetivo do professor através da releitura deve ser de incentivar o olhar, estimular o aluno a observar, recriar e interpretar obras de arte.

( ) O objetivo do professor através da releitura deve ser incentivar e valorizar a cópia, pois, só através dela, poderemos entender a obra de arte.

Atividades de Aprendizagem

Questões para Reflexão

1. Na sua opinião, por que a **Mona Lisa** é uma obra "relida" por tantos artistas famosos? Você pode imaginar qual o objetivo desses artistas?

2. Já sabemos que é possível ler imagens desde que tenhamos algum domínio da linguagem visual. Existem alguns meios de proceder a uma leitura de imagens, portanto escolha uma imagem qualquer, se possível uma obra de arte, e tente seguir as questões a seguir:
    a) Descreva o que você vê na imagem. Quais os elementos que a compõem? Quais as linhas, formas e cores? Existem áreas de luz ou sombras?
    b) Trata-se de uma imagem figurativa ou abstrata?
    c) Existe um tema específico? Qual?
    d) O que o artista representou nessa imagem? Existem personagens ou objetos em primeiro ou segundo plano?
    e) Que técnica foi utilizada? Representa algum momento histórico ou algum movimento artístico?
    f) Que sensação você tem ao observar essa imagem? Que tipo de sentimento ela desperta em você?
    g) Você consegue imaginar o que o artista estava sentindo ao criar essa imagem?
    h) Você gosta dessa imagem? Por quê?

Atividade Aplicada: Prática

1. A mesma imagem analisada na questão anterior (2) será utilizada para esta atividade. Faça uma reprodução da imagem em tamanho A4 ou maior, se for possível. Você vai realizar uma interferência, ou seja, vai modificar a obra como quiser. Não se trata de uma releitura, portanto não há preocupação em transferir para o trabalho características suas. A ideia é utilizar colagem, pintura ou qualquer que seja o recurso para interferir, modificar, ou realçar a obra escolhida.

Glossário*

Ateliê: estúdio, local onde normalmente os artistas criam suas produções artísticas.

Bagagem cultural: é o que trazemos conosco, nossa herança cultural.

Bidimensional: é o que se refere a trabalhos com pintura, gravura e desenho, onde temos visualização frontal.

Esboço: fase inicial de um projeto, rascunho.

Escolas acadêmicas: refere-se a normas impostas pelas academias na Europa.

Esfumato: efeito que obtemos ao espalhar materiais em um desenho a carvão, pastel ou grafite.

Gestalt: é uma escola de psicologia experimental, criada no início do século XX, que se apoia na fisiologia do sistema nervoso para possibilitar explicações relacionadas à percepção.

Guache: tinta à base de água, ideal para uso escolar.

Harmonia: combinação agradável de cores e formas nas artes plásticas.

Ícone: imagem que representa um objeto.

Olimpo: local, segundo a mitologia, onde se reuniam deuses e deusas.

Pigmento: pó mineral ou vegetal de cor

* Este glossário foi elaborado a partir das obras que estão listadas nas referências deste livro.

variada, utilizado para confecção de tintas.

Portfólio: relação de trabalhos de um profissional ou empresa.

Semiótica: palavra derivada do grego *semeion* (signo). Vários estudos já tentaram chegar a uma definição de acordo com uma visão determinada. Segundo Lucia Santaella (representante do norte-americano Charles Sanders Pierce no Brasil), a semiótica é uma ciência que tem por objeto de investigação todas as linguagens possíveis, ou seja, tem como objetivo o exame dos modos de constituição de todo e qualquer fenômeno de produção, de significação e de sentido.

Têmpera: técnica de pintura em que os pigmentos são à base de água, ovos, cola ou leite.

Tridimensional: trabalhos que nos permitem ver três dimensões, como na escultura ou na arquitetura.

Relação de obras

Capítulo 1

Uma Tarde de Domingo na Ilha de Grande Jatte (Un dimanche après-midi à l'ille de la Grande Jatte)
Georges Seurat, 1884-1886. Óleo sobre tela, 207,5 x 308,1 cm. The Art Institute of Chicago, Chicago – EUA.
Crédito: AKG/Latin Stock

Capítulo 2

O Grito (Skrik)
Edvard Munch, 1893. Óleo e pastel sobre cartão, 91 x 73,5 cm. The National Gallery, Oslo – Noruega.
Crédito: Corbis/Latin Stock

Quintal da Casa da Mãe da Sien, The Hague (Achter het huis van Sientje)
Vincent van Gogh, 1882. Tinta sépia, guache e pastel sobre papel, 46,4 x 60,6 cm. Norton Simon Art Foundation, Pasadena – EUA.
Crédito: Corbis/Latin Stock

A Última Ceia (L'Ultima Cena)
Leonardo da Vinci, 1494-1498. Técnica mista com predominância de têmpera e óleo sobre gesso, 460 x 880 cm. Santa Maria delle Grazie, Milão – Itália.
Crédito: AKG/Latin Stock

Os Fuzilamentos do 3 de Maio em Madri (El 3 de mayo de 1808 en Madrid: los fusilamientos en la montaña del Príncipe Pío)
Francisco de Goya y Lucientes, 1814. Óleo sobre tela, 268 x 347 cm. Museo Nacional del Prado, Madri – Espanha.
Crédito: AKG/Latin Stock

Atividades de Aprendizagem

A Noite Estrelada (De sterrennacht)
Vincent van Gogh, 1889. Óleo sobre tela, 73,7 x 92,1 cm. The Museum of Modern Art, Nova York – EUA.
Crédito: AKG/Latin Stock

Capítulo 4

O Quarto de Van Gogh em Arles (De slaapkamer)
Vincent van Gogh, 1888. Óleo sobre tela, 72 x 90 cm. Van Gogh Museum, Amsterdã – Holanda.
Crédito: Corbis/Latin Stock

Guernica
Pablo Picasso, 1937. Óleo sobre tela, 349,3 x 776,6 cm. Museo Nacional Centro de Arte Reina Sofia, Madri – Espanha.
Crédito: AKG/Latin Stock

O Nascimento de Vênus (La Nascita di Venere)
Sandro Botticelli, ca. 1485. Têmpera sobre tela, 172,5 x 278,5 cm. Galleria degli Uffizi, Florença – Itália.
Crédito: Corbis/Latin Stock

Mona Lisa (La Joconde)
Leonardo da Vinci, 1503-1506. Óleo sobre madeira de álamo, 77 x 53 cm. Musée du Louvre, Paris – França.
Crédito: AKG/Latin Stock

Relação de artistas

Botero, Fernando (1932-): pintor e escultor que criou personagens sempre com formas volumosas.

Botticelli, Sandro (1444-1510): artista florentino e renascentista.

Caravaggio, Michelangelo Merisi da (1571-1610): pintor italiano que se tornou famoso pelo realismo em suas obras e também pela recusa à idealização; trabalhou temas revolucionários para a época.

Daguerre, Louis-Jacques Mandé (1789-1851): pintor francês e desenhista de cenários para peças de teatro. Foi o criador do primeiro método prático de fotografia, conhecido como *daguerreótipo*.

Dali, Salvador (1904-1989): espanhol, pintor dos sonhos, provocador, representante do Surrealismo.

Duchamp, Marcel (1887-1968): artista francês, desafiador, representante do movimento Dadaísta.

El Greco (1541-1614): pintor conhecido por suas formas alongadas, cores vibrantes e até sobrenaturais.

Gauguin, Paul (1848-1903): pintor francês que produziu grande parte de sua obra no Haiti.

Goya y Lucientes, Francisco José de (1746-1828): pintor espanhol, grande representante da pintura romântica.

Kandinsky, Wassily (1866-1944): pintor russo que pode ser considerado o iniciador da pintura abstrata.

Krajcberg, Frans (1921-): escultor, pintor, gravador e fotógrafo polonês. Suas obras são carregadas de uma bagagem intensa e de extrema preocupação com a vida.

Leonardo da Vinci (1452-1519): artista, cientista e pensador florentino.

Matisse, Henri (1869-1954): pintor, escultor, artista gráfico e projetista francês. Foi um dos pintores *fauves* (feras).

Mondrian, Piet (1872-1944): pintor holandês que desenvolveu um estilo livre de convenções.

Munch, Edvard (1863-1944): pintor, litógrafo, água-fortista e xilógrafo norueguês. É conhecido como o fundador do Expressionismo e utiliza em suas telas traços fortes, cores exageradas e linhas retorcidas.

Niemeyer, Oscar (1907-): é considerado o mais importante arquiteto de nosso país. Trabalhando em parceria com Lucio Costa, construiu os mais importantes monumentos de Brasília.

Picasso, Pablo (1881-1973): pintor, artista gráfico, *designer*, ceramista e escultor espanhol.

Pollock, Jackson (1912-1956): artista norte-americano cujo estilo é denominado *pintura de ação* ou *expressionismo abstrato*.

Rembrandt Harmensz van Rijn (1606-1669): holandês, grande representante do Barroco, conhecido mundialmente por representar as emoções dos personagens retratados.

Rubens, Petrus Paulus (1577-1640): esse alemão/flamengo é reconhecido por suas "gordinhas". Representou com pinceladas fluidas e grande riqueza emocional as sensuais figuras femininas.

Seurat, Georges (1859-1891): pintor francês, fundador do Neo-Impressionismo. Iniciou a técnica chamada *divisionismo* ou *pontilhismo*.

Signac, Paul (1863-1935): pintor francês, é considerado o artista que ensinou a Georges Seurat a técnica do pontilhismo.

Tintoretto (1518-1549): pintor italiano.

Van Gogh, Vincent (1853-1890): pintor e desenhista holandês que viveu a maior parte de sua vida artística na França.

Velásquez, Diego (1590-1660): pintor espanhol muito conhecido por explorar contrastes de luz e sombra.

Referências

AGULLOL, R. **História geral da arte**. Carroggio: Del Prado, 1996.

ARNHEIM, R. **Arte e percepção visual**: uma psicologia da visão criadora. São Paulo: Pioneira, 1986.

____. **Arte e percepção visual**: uma psicologia da visão criadora: nova versão. Rio de Janeiro: Thomson Pioneira, 2005.

AS FACES da Mona Lisa. **Revista Aprende Curitiba**, Curitiba, jun. 2005.

AZNAR, S. C. **Vinheta**: do pergaminho ao vídeo. São Paulo: Arte & Ciência, 1997.

BENJAMIN, W. **Obras escolhidas**. São Paulo: Brasiliense, 1985.

____. **Magia e técnica, arte e política**. 6. ed. São Paulo: Brasiliense, 1994.

BOFF, L. **A águia e a galinha**: uma metáfora da condição humana. Rio de Janeiro: Vozes, 1997.

BRANDÃO, J. de S. **Dicionário mítico-etimológico**. Rio de Janeiro: Vozes, 1991. (Coleção Mitologia Grega, v. 2).

____. **Mitologia grega**. 6. ed. Rio de Janeiro: Vozes, 1995. v. 3.

BRASIL. Ministério da Educação e do Desporto. Secretaria de Educação Fundamental. **Parâmetros Curriculares Nacionais**: Terceiro e Quarto Ciclos do Ensino Fundamental – Arte. Brasília: Brasília, 1998.

BUORO, A. B. **Olhos que pintam**: a leitura da imagem e o ensino da arte. 2. ed. São Paulo: Cortez, 2003.

CHAUI, M. Janela da alma, espelho do mundo. In: NOVAES, A. (Org.). **O olhar**. São Paulo: Companhia das Letras, 1988.

CHEVALIER, J.; GHEERBRANT, A. **Dicionário de símbolos**. Rio de Janeiro: J. Olympio, 1996.

CHUHURRA, O. L. **Estética de los elementos plásticos**. Barcelona: Labor, 1971.

CUMMING, R. **Para entender a arte**. São Paulo: Ática, 1996.

DONDIS, D. A. **Sintaxe da linguagem visual**. 2. ed. São Paulo: M. Fontes, 1997.

ECO, U. **Obra aberta**. 2. ed. São Paulo: Perspectiva, 1977. (Coleção Debates).

FERREIRA, A. B. de H. **Novo dicionário da língua portuguesa**. 2. ed. Rio de Janeiro: Nova Fronteira, 1986.

FISCHER, D. **O direito de comunicar**. São Paulo: Brasiliense, 1984.

FRANS KRAJCBERG. In: ENCICLOPÉDIA Itaú Cultural: artes visuais. Disponível em: <http://www.itaucultural.org.br/aplic Externas/enciclopedia_IC/index. cfm?fuseaction=artistas_obras&cd_verbete=1834&cd_idioma=28555>. Acesso em: 29 jan. 2008.

FRANZ, T. S. **Educação para uma compreensão crítica da arte**. Florianópolis: Letras Contemporâneas, 2003.

FREEDMAN, K. Perspectivas sociales de la educación en arte: un nuevo marco para redefinir una asignatura del plan de estudios. In: JORNADAS DE CULTURA VISUAL, 2., 2003, Barcelona. **Anais**... Barcelona: Fundación La Caixa, 2003.

FREIRE, P. **A importância do ato de ler**: em três artigos que se completam. São Paulo: Cortez Editora; Autores Associados, 1991. (Coleção Polêmicas do Nosso Tempo).

GALEANO, E. **O livro dos abraços**. Porto Alegre: L&PM, 2000.

GOMBRICH, E. H. **A história da arte**. 16. ed. Rio de Janeiro: LTC, 1999.

GREENFIELD, P. M. **O desenvolvimento do raciocínio na era da eletrônica**: os efeitos da TV, computadores e videogames. São Paulo: Summus, 1988.

HERNANDEZ, F. **Cultura visual, mudança educativa e projeto de trabalho**. Porto Alegre: Artmed, 2000.

HOUAISS, A; VILLAR, M. de S.; FRANCO, F. M. de M. **Dicionário Houaiss da língua portuguesa**. Rio de Janeiro: Objetiva, 2001.

KANDINSKY, W. **Curso da Bauhaus**. São Paulo: M. Fontes, 1996.

KRAUBE, A. C. **Historia de la pintura**: del Renacimiento a nuestros días. Barcelona: Konemann, 1995.

MACHADO, A. **A arte do vídeo**. São Paulo: Brasiliense, 1988.

MALINS, F. **Mirar un cuadro**: para entender la pintura. Barcelona: Hermann Blume Ediciones, 1983.

MANGUEL, A. **Lendo imagens**: uma história de amor e ódio. São Paulo: Companhia das Letras, 2001.

MARTINS, M. C. et al. (Org.). **Mediação**: provocações estéticas. São Paulo: Instituto de Artes/Unesp, 2005.

MEIRELES, C. **Ou isto ou aquilo**. Rio de Janeiro: Civilização Brasileira, 1981.

MOLETTA, D. M. **Arte sensibilização**: pintura gestual. Curitiba: Imprensa Oficial, 2006.

NASSAR, S. J. **1000 perguntas**: televisão. Rio de Janeiro: Estácio de Sá, 1984.

OSTROWER, F. **Universos da arte**. Rio de Janeiro: Campus, 1983.

_____. **Acasos e criação artística**. Rio de Janeiro: Campus, 1995.

PANOFSKY, E. **Significado nas artes visuais**. São Paulo: Perspectiva, 1979. (Coleção Debates. Arte).

PARANÁ. Secretaria de Estado da Educação. Departamento de Ensino de Primeiro Grau. **Currículo básico para a escola pública do Estado do Paraná**. Curitiba: Seed/DEPG, 1992.

PIGNATARI, D. **Informação, linguagem, comunicação**. 20. ed. São Paulo: Cultrix, 1980.

PILLAR, A. D. Leitura e releitura. In: _____. (Org.). **A educação do olhar no ensino das artes**. Porto Alegre: Mediação, 1999. p. 9-21.

PINACOTECA CARAS. São Paulo: Caras, 1998.

PROENÇA, G. **História da arte**. 4. ed. São Paulo: Ática, 1994.

RAMALHO e OLIVEIRA, S. **Imagem também se lê**. São Paulo: Rosari, 2006.

REIMERINK, R. K. **A história da fotografia**. São Paulo: R&R, 2001.

ROSA, M. C. da. **A formação de professores de arte**: diversidade e complexidade pedagógica. Florianópolis: Insular, 2005.

SANTAELLA, L. **O que é semiótica**. São Paulo: Brasiliense, 1989. (Coleção Primeiros Passos).

SANTIAGO, A. B. **Las artes plásticas en la escuela**. Madrid: Breviarios de Educación, 1977.

STAHEL, M. **O livro da arte**. São Paulo: M. Fontes, 1999.

VENEZIA, M. **Pablo Picasso**. São Paulo: Moderna, 1996a. (Coleção Mestres das Artes).

_____. **Vincent van Gogh**. São Paulo: Moderna, 1996b. (Coleção Mestres das Artes).

WILSON, B.; WILSON, M. An iconoclastic view of the imagery sources in the drawings of young people. **Art Education**, EUA, v. 30, n. 1, p. 5-11, Jan. 1977.

Bibliografia comentada

ARNHEIM, R. **Arte e percepção visual**: uma psicologia da visão criadora. São Paulo: Pioneira, 1986.

A autora propõe uma iniciação à apreciação artística, partindo da capacidade humana de percepção pelo olhar, ela ressalta princípios do pensamento psicológico como o da teoria da Gestalt enquanto disciplina. Um livro interessante para estudantes, professores de arte e profissionais atuantes na área da psicologia.

BOFF, L. **A águia e a galinha**: uma metáfora da condição humana. Rio de Janeiro: Vozes, 1997.

O autor faz uma metáfora que nos permite repensar a condição humana em sua transcendência, nos faz entender como uma águia passa a ser comparada com uma galinha, após a convivência com galinhas, e a maneira como ela consegue voltar a se portar como águia.

DONDIS, D. A. **Sintaxe da linguagem visual**. 2. ed. São Paulo: M. Fontes, 1997.

Esse livro aborda a comunicação visual e, através de exemplos gráficos e diagramas, faz um apanhado da linguagem da imagem, incentivando a alfabetização visual. Muito interessante para alunos e professores, trata também dos elementos que compõem a imagem, seja ela na TV, no cinema ou na propaganda. Enfim, é um livro que direciona nosso olhar.

GOMBRICH, E. H. **A história da arte**. 16. ed. Rio de Janeiro: LTC, 1999.

É um livro completo, traz um apanhado mais profundo sobre a história da arte. Todos os professores de arte, bem como pessoas que trabalham com as artes de uma maneira geral, deveriam ler, pois contém informações muito importantes da Pré-História até o século XX.

OSTROWER, F. **Universos da arte**. Rio de Janeiro: Campus, 1983.

A autora relata no livro aulas do curso de arte que ministrou para operários de uma gráfica nos anos da década de 1970. É um estímulo ao olhar, pois traz gravuras, desenhos e pinturas. Muito interessante para quem quer acessar mais informações sobre os elementos da linguagem visual.

PANOFSKY, E. **Significado nas artes visuais**. São Paulo: Perspectiva, 1979. (Coleção Debates. Arte).

O autor, um renomado crítico, numa linguagem bem acessível, reúne vários ensaios sobre a teoria da arte, estilo, estética e iconografia. Muito apropriado para os que se interessam pela pintura, escultura, arquitetura e história da arte.

PROENÇA, G. **História da arte**. 4. ed. São Paulo: Ática, 1994.

É um livro de introdução básica à história da arte, de fácil entendimento tanto para alunos como para professores, interessante para um primeiro contato com a arte. Abrange pintura, escultura e arquitetura geral no mundo ocidental, incluindo o Brasil.

Gabarito

Capítulo 1

Atividades de Autoavaliação

1. b
2. c
3. V, V, F, V
4. V, F, V, V
5. V, F, V, V

Capítulo 2

Atividades de Autoavaliação

1. c
2. b
3. F, F, V, V
4. F, V, F, V
5. F, V, V, F

Atividade Aplicada: Prática

a. Linhas onduladas causando sensação de movimento, de agito e de tumulto.
b. Triângulo: cipreste, casas; círculos: lua e estrelas; quadrados e retângulos: casas.
c. A profundidade se dá pela proporção (tamanho) das montanhas, indicando distanciamento e localizadas no terceiro plano. O mesmo acontece com as casas que são encontradas no segundo plano.
d. O contraste é visível em todo o quadro, porém, mais acentuado na parte superior, onde são encontradas as estrelas e a Lua. O brilho delas contrasta com o cipreste e as montanhas.
e. O predomínio é de tons azuis e amarelos com gradações de tonalidades do mais claro ao mais escuro, reforçando ainda mais a sensação de agito e de movimento, confrontando uma cor quente com uma fria.

Capítulo 3

Atividades de Autoavaliação

1. b
2. d
3. F, F, V, F
4. V, V, F, F
5. F, V, F, V

Capítulo 4

Atividades de Autoavaliação

1. b
2. c
3. c
4. F, V, V, F
5. F, V, V, F

Nota sobre a autora

Paranaense de Siqueira Campos, Luciana Estevam Barone Bueno graduou-se em Educação Artística (Artes Plásticas) e posteriormente se especializou em Educação Artística Aplicada e em Comunicação e Artes através da Informática nas Faculdades Integradas de Ourinhos (FIO) no Estado de São Paulo. É mestranda em Teoria e História das Artes Visuais na Universidade do Estado de Santa Catarina (Udesc).

Atua como professora no módulo Linguagem das Artes Visuais do curso de especialização *lato sensu* em Arte-Educação do Centro Universitário Uninter, da disciplina História da Arte nos cursos de Capacitação para Professores do Centro

Estadual de Capacitação em Artes Guido Viaro e nos módulos de História da Arte e Arte em Museus no curso de especialização *lato sensu* das Faculdades João Bagozzi – todos esses cursos em Curitiba, no Estado do Paraná.

Impressão: BSSCARD
Julho/2013